GESCHICHTE DES SERVITENORDENS

P. AUGUSTIN M. PÖTSCHER OSM

GESCHICHTE DES SERVITENORDENS

Verlag St. Peter · Salzburg

Der Text basiert auf dem Buch „A Short History of the Servite Order" von Vincenzo Benassi, Odir J. Dias und Faustino Faustini, dem auch die Abbildungen entnommen wurden, © Generalsekretariat der Servitenmissionen, Rom 1987.
Copyright der deutschen Ausgabe © P. Augustin M. Pötscher, Wien 2001
Verlag St. Peter · Salzburg · ISBN 3-900173-68-0

Inhaltsverzeichnis

Vorwort

Diese Geschichte des Servitenordens, die Sie in den Händen halten, ist nicht nur die erste nach dem Zweiten Vatikanischen Konzil, sondern die erste nach dem Krieg, seit dem umfassenden Werk von P. Gregor M. Zinkl († 1938), das in drei gebundenen Skriptenbänden vorliegt und einen starken mystagogischen Charakter hat. Der Provinzial hat in Kleinarbeit viele Fakten mit großer Sorgfalt zusammengetragen.

Spätestens nach dem Erneuerungsprozess des Vaticanum II ist es aber unabdingbar notwendig, die Geschichte des Servitenordens weiterzuschreiben. Nur ein Beispiel: eine Frucht des Konziles sind die neuen Konstitutionen, die das Generalkapitel verabschiedet hat.

In deutscher Sprache gibt es zwar viele Abhandlungen zu einzelnen Themen und Kapiteln, die meistens P. Hugo M. Körbel OSM († 1999) zu verdanken sind, aber dies ist die erste Gesamtdarstellung. Nicht unerwähnt darf auch die Darstellung der Geschichte der alten deutschen Provinz durch P. Gottfried M. Wolff OSM bleiben.

So wünsche ich eine interessante und bereichernde Lektüre einer eigentlich auch sehr spannenden Geschichte. Maria möge Sie dabei begleiten.

P. Augustin M. Pötscher OSM

9

Einführung

Eine Geschichte des Servitenordens in deutscher Sprache liegt also nunmehr vor. Und es ist bei historischen Abhandlungen, die eine gewisse Zeitspanne einfangen, immer die Frage des Zieles und der Methode. Man muss sich für einen Weg entscheiden und damit andere Möglichkeiten auslassen.

So habe ich mich für den chronologischen Weg entschieden, weil auch die Ordensgeschichte in den anderen Sprachen chronologisch verfasst ist. Der große Vorteil ist die Übersichtlichkeit. Man kann sofort in eine bestimmte Zeitsituation einsteigen und sich relativ schnell einen Überblick verschaffen.

Ein Nachteil dieses Weges ist natürlich, dass nicht evident wird, was für den Orden besondere Bedeutung hat und was nicht. Dies muss hier wohl Fachbeiträgen in einschlägigen Zeitschriften überlassen bleiben.

Dennoch bricht dieses Buch mit dem streng chronologischen Prinzip, indem es der Geschichte der Deutschen Observanz breiten Platz einräumt. Und auch hier war die Frage, eine Gesamtdarstellung anzuhängen oder sie in das Zeitpanorama einzuarbeiten. Ich habe mich für die letztere, durchaus anspruchsvollere Variante entschieden. Es ist wichtig, das jeweilige Zeitpanorama immer im Hintergrund zu haben. Denn für die Interpretation historischer Ereignisse und Vorgänge ist der jeweilige Zeithorizont unverzichtbar.

Ordensgeschichte ist auch historische Theologie: Ihr Unterschied von Profangeschichte ist das Wirken Gottes, das sich in einem solchen Weg über fast 800 Jahre offenbart. Dies freilich ist letztlich eine Frage des Glaubens. Ereignisse sind hier, um mit

11

dem Neuen Testament zu sprechen, „Zeichen der Zeit", die ihre theologische Bedeutung haben. In so einer Geschichte ist Gott am Werk, wenn wir ihm nicht im Weg stehen. Jeder Orden ist eine Lebens- und Erfahrungsgemeinschaft und bezieht sein Lebens- und Orientierungswissen aus einer langen Geschichte. Insofern können wir mit vielen Herausforderungen gelassener umgehen, als unsere schnelllebige Zeit. Dabei ist aber wichtig, dass die Geschichte des Servitenordens eine „inkarnierte" Geschichte, eine Geschichte mit und für diese Welt ist und sein wird.

1. Kapitel

DAS 13. JAHRHUNDERT

Die Zeit des Wurzelns und der Gründung

Von den Ursprüngen des Ordens (ca. 1233) bis zu dessen Anerkennung (1304)

71 Jahre genau dauert es von der historisch angenommenen Gründung, bis der Servitenorden nach einer turbulenten Gründungsphase seine definitive kirchliche Anerkennung erfährt.

Die Anerkennung des Ordens
Am 11. Februar 1304 sandte im ersten Jahr seines Pontifikates der Dominikanerpapst Benedikt XI. eine mit den Worten „Dum laevamus" beginnende Bulle aus seinem Lateranpalast an den Generalprior und alle Prioren des Ordens der Diener der heiligen Maria. Mit dieser approbierte er die Regel und die Konstitutionen, auf die der Orden Profess machte, und erkannte damit den Orden der „Diener der heiligen Maria", der siebzig Jahre zuvor in Florenz entstanden war, an.

Damit hatte für die Serviten eine lange Wartezeit ein Ende, und für das junge Institut begann eine neue Ära der Entwicklung, ihren Platz in der Ordenswelt zu finden. Die päpstliche Bulle Benedikts XI. sagt nichts über die Ursprünge, sie stellt lediglich knapp fest, dass die Serviten der Regel des heiligen Augustinus und der allgemeinen Gesetzgebung, zu der diese Regel verpflichtet, folgen.

13

Die Bulle bemerkt zum Titel „Diener", dass dieser ein Beweis für ihre Weihe an Maria und die Verehrung der Gottesmutter sei. Weiters listet das Dokument die Gründe für die Anerkennung wie auch die Meinungen der Kanonisten auf.

Zur Zeit der definitiven Anerkennung des Ordens durch die kirchliche Autorität zählte der Orden mindestens 250 Mitbrüder in 27 italienischen und vier deutschen Gemeinschaften. Diese Gemeinschaften waren in fünf Ordensprovinzen eingeteilt, vier in Italien (Toskana, Bologna, Venetien und das Patronat von St. Peter) und einer in Deutschland.

Wo liegt der Ursprung dieses Ordens und welches waren die wichtigsten Stufen seiner Entwicklung? Die Entwicklung war den anderen evangelisch-apostolischen Bettelorden ähnlich (Franziskaner, Dominikaner, Augustiner-Eremiten, Karmeliten).

Im Jahre 1233 ...

In der Lombardei, Emilia, Venedig und im Königreich Sizilien, ja praktisch überall in Italien wurden verschiedene Initiativen gestartet, oft auch aus politischen Motiven, um die Häresien zurückzudrängen und christliche Haltungen im alltäglichen und sozialen Leben wieder einzuführen.

1233 ging als das „Jahr des großen Alleluja" in die Geschichte ein, weil die Prediger oder Leiter von Gebetsversammlungen ihre Gottesdienste mit einem dreifachen Alleluja abzuschließen pflegten.

Eine lang bezeugte Tradition sieht 1233 als das Gründungsjahr des Ordens der Diener Mariens. Verstärkt wird diese Tradition dadurch, dass in diesem Jahr auch einer der größten Heiligen des Ordens, der heilige Philippus Benitius († 1285) in Florenz geboren worden ist.

Wichtige Dokumente nennen die Zeit von 1233–1240 als Ursprung des Ordens, einer Berufung entspringend, welche sieben erwachsene Männer in Florenz teilten.

Dies ist bislang die einzige Ordensgemeinschaft, die nicht von einer oder zwei Personen gegründet worden ist. Deshalb wurde diese Gruppe der „Sieben Gründer" auch gemeinsam von Leo XIII. 1888 heilig gesprochen.

Die „Sieben Gründer" des Ordens der Diener Mariens

Der Ursprung des Ordens findet sich bereits 80 Jahre später in der Schilderung „Legenda de origine Ordinis fratrum Servorum

Virginis Mariae" (Ursprungsgeschichte) beschrieben. Legende meint dabei nicht Fiktion, sondern stand damals für eine Schrift zur geistlichen Erbauung.

Sicher ist es notwendig, die Legenda de origine durch andere frühe Dokumente zu ergänzen, um eine Vorstellung des Ursprunges zu erhalten, von den ersten Schritten der inneren Entwicklung und Berufung der Sieben Gründer der Serviten. Wie stellte sich die politische, wirtschaftliche und religiöse Situation im Florenz der ersten Hälfte des 13. Jahrhunderts dar?

Florenz in der ersten Hälfte des 13. Jahrhunderts

In den Jahren 1200–1250 verdoppelte sich die Einwohnerzahl von Florenz von 40.000 auf 80.000. Eine zweite Stadtmauer wurde gebaut und die ehemals vier in sechs neue Stadtbezirke eingeteilt. Florenz hatte seine eigene Währung, erst eine Silbermünze, dann einen 24-Karat-Goldtaler, der sich sehr schnell in der übrigen Wirtschaftswelt durchsetzte. Stadtkriege mit Siena und Pisa, Exkommunikationen des Papstes gegen den Kaiser und alle, die ihn unterstützten, der Kampf gegen Häresien beeinträchtigten die wirtschaftliche Blüte von Florenz nicht. Es gab über 20 Gilden und Kooperationen. Zuerst die größeren Gilden: Richter und Notare, Banker und Textilhändler, Geldwechsler und Wollwie Tuchhändler (Por Santa Maria), Ärzte usw. Dann die Mittelklasse-Kooperationen: Kleinhändler, Schmiede, Metzger, Schuhmacher und Steinmetze. Endlich gab es niedere Gilden: Ölhändler, Gastwirte, Salz- und Käsehändler, Tischler und Waffenhändler, Metallarbeiter, Holzhändler, Bäcker, Köche.

Die Zünfte lagen in hartem Wettstreit, die größeren kämpften für die Unabhängigkeit von Florenz. Sie unterstützten entweder die Ghibellinen oder den Papst. In dieser Zeit pulsierte in Florenz das Leben. Der Konflikt zwischen Papst und Kaiser berührte zwar nicht direkt die Interessen der Stadt, trotzdem versuchten die führenden Bürger größtes Kapital aus dem Konflikt zu ziehen. Als Reaktion auf den Reichtum in Florenz gab es in allen religiösen Bewegungen einen Zug zur Armut. Beide, die exkommunizierten ketzerischen und die Bewegungen, die treu zum Lehramt der Kirche standen, predigten Armut und Buße. Die Waldenser, die Katharer, die Patariner und die Humiliaten (vor

16

ihrer Versöhnung mit der Amtskirche) forderten das Recht nach kollektiver und persönlicher Armut. Nach dem Schisma mit der Orthodoxie (1054) gab es folgende signifikante Daten: 1206 predigte Dominikus von Caleruega, der Gründer der Dominikaner in Südfrankreich; 1208 versöhnte sich Durandus von Huesca, der Gründer der armen Katholiken mit der Kirche. Franz von Assisi begann als Wanderprediger in Armut, wie Dante sagt, diese über 1000 Jahre vergessene Idee aufnehmend. 1221 war Franz in Florenz. In den folgenden Jahren entstanden zahlreiche der Armut verpflichtete Laiengruppen. Zur Zeit des Ursprunges unseres Ordens gab es in Florenz viele und dynamische religiöse Bewegungen. „Eine Stadt der Mönche", reformorientierte oder eremitische Gruppen. Camaldulenser und die Mönche von Vallombrosa und von Cluny waren in der Stadt selbst, die Zisterzienser kamen am 17. Juni 1236 in die Vorstadt Badia. Von den neuen Bewegungen kamen die Humiliaten 1239 nach S. Donato a Torri. Die Franziskaner ließen sich 1228 in Santa Croce nieder, nachdem sie bereits 1209 erstmals nach Florenz gekommen waren. Seit 1218 lebten sie am San-Gallo-Spital. Die Dominikaner übernahmen 1219 die kleine Kirche Santa Maria Novella. Seit 1218 waren die Klarissen in Monticelli, die Dominikanerin-

*Servitenge-
meinschaften in
Italien im
Jahr 1304*

17

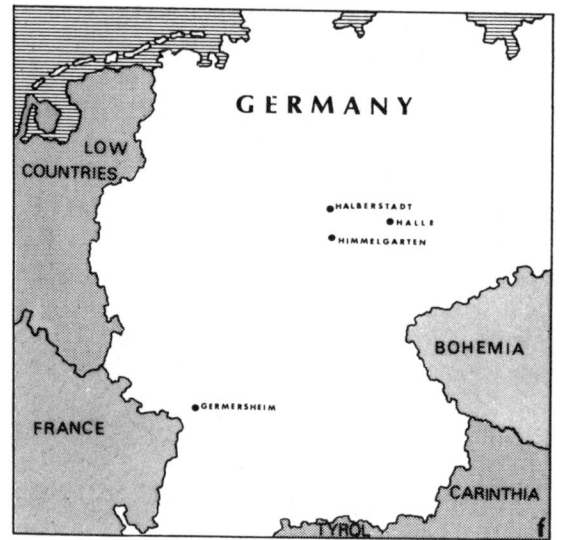

Serviten-gemein-schaften in Deutschland im Jahr 1304

nen seit 1229 in S. Iacopo a Ripoli. Die Gruppe der Bußbrüder und -schwestern war eine der bedeutendsten in Italien, ein Gegengewicht zur Albingensergemeinschaft. Unter der Leitung eines eigenen Bischofs entfalteten sie Aktivitäten für ganz Italien.

Die Anfänge von Cafaggio
und der Aufstieg zum Monte Senario

Die Ursprungsgeschichte überliefert uns wenig von der Geschäftsgebarung und den Familien der Sieben Gründer der Diener Mariens, wenig außer ihren geistlichen und moralischen Qualitäten, die zur Ordensgründung führten. Traditionell wird der 15. August 1233 angegeben, als sie ihren Beruf und ihre Familien verließen, um sich einem Gemeinschaftsleben des Gebetes, der Buße und der Armut zu weihen. Dies geschah in Cafaggio, unweit des Ballatores. Wir sind sicher, dass heute dort eines der bedeutendsten Priorate des Ordens, die SS. Annunziata, steht. Ihre Entscheidung zum Ordensleben fand begeisterte Aufnahme und viele suchten sie auf.

18

Nur zwei der sieben Namen wissen wir sicher: Bonfilius und Alexius. Die anderen sind unsicher, werden aber, wie folgt überliefert: Amideus, Bonajuncta, Manettus, Hugo, Sosteneus. In ihrem Wunsch, ihre Lebenswahl tiefer zu betrachten unterstützte sie der Bischof von Florenz, Ardingo, und empfahl ihnen einen Ort, 18 km außerhalb von Florenz. Mag sein, dass dabei die kritische Situation der Guelfen in der Stadt bei dieser Entscheidung eine Rolle gespielt hat. Der Aufstieg erfolgte um 1245, als der Dominikanerprediger Petrus von Verona (Märtyrer), leidenschaftlicher Verteidiger des Papstes, inniger Bewunderer der Sieben und glühender Verehrer der seligsten Jungfrau, in Florenz wirkte.

Seit dem Aufstieg der Sieben zum Monte Senario ist das dortige Priorat ein Fokus des Ordens, der bis heute an den Ursprung erinnert. Dort ruhen auch die Reliquien der Sieben Väter. So erinnert uns dieser heilige Ort an unsere Treue zu den Ursprüngen.

Monte Senario

19

Einige frühe und klare Dokumente aus den Jahren 1249–1251 geben uns eine Idee vom Leben des Ordens in diesen frühen Tagen. Franco Andrea Dal Pino fasst zusammen: „Die Gemeinschaft, an die der Kardinaldelegierte des Papstes und Titularbischof von Santa Maria in Cosmedin, Ranieri Capocci, einen ersten 1249 registrierten Brief adressierte, bestand aus einem Prior und Brüdern. Sie lebten bei einer kleinen Kirche, die der seligsten Jungfrau Maria geweiht war und waren allgemein bekannt als Diener Mariens. Der Kardinal unterstellte die Gemeinschaft dem Heiligen Stuhl, bestätigte die Erlaubnis Ardingos, des Diözesanbischofs, nach der Augustinusregel und den korrespondierenden Vorschriften zu leben sowie die bereits aufgenommenen Mitglieder zu behalten und neue aufzunehmen. Jene, die bereits Gelübde hatten, durften nur mit der Erlaubnis des Priors in einen strengeren Orden übertreten.

Am 18. Februar des folgenden Jahres erteilte der Nachfolger von Capocci, Kardinal Peter, Titularbischof von S. Giorgio in

Siena, Fassade
von Santa Maria
dei Servi

20

Velabro, den Priestern des Ordens die Erlaubnis, die in Exkommunikation gefallenen Anhänger Kaiser Friedrichs II. davon zu befreien. In einem anderen Brief mit demselben Datum, adressiert an den Bischof von Siena, Bonfilius, den Kardinallegaten, wird den Serviten die Erlaubnis erteilt, auf ihrem eigenen Land außerhalb von Florenz eine neue Kirche zu bauen. Mit einem Brief vom 17. März schrieb dies der Bischof in einem Brief an „Bonfilius, den Prior von Monte Senario". Der Kaufvertrag wurde am 1. Juli in Florenz abgeschlossen und bezeugt, dass Bonfilius und die Gemeinschaft in strengster gemeinschaftlicher Armut zu leben gewillt waren. Dies wird auch durch andere Dokumente bezeugt. Ein Dokument vom 7. Oktober 1251 nennt neben dem Prior von Monte Senario, Figliolo (Bonfilius), 19 andere Brüder, als ersten Alexius.

Diese „Armutsakte", bemerkenswert wegen ihrer Strenge, zeigt, dass die erste Gemeinschaft des Ordens eine klare Prägung des brüderlichen Lebens besaß und aufgrund der Ortswahl eine eremitisch-beschauliche Note des mönchischen Lebens.

Die indirekte Anerkennung in den Briefen der beiden Kardinaldelegaten erfolgte offiziell am 23. März 1256 durch Alexander IV. mit der Bulle „Deo grata".

Es ist klar, dass sich der junge Orden die Gunst von Papst Innozenz IV., überbracht durch die beiden Legaten, durch seine bedingungslose Papsttreue im Konflikt mit Kaiser Friedrich II. und bei anderen Anlässen erwarb. Unsere erste Gemeinschaft gehörte tendenziell zu den Guelfen. Die Gemeinschaften von Siena, Citta, di Castello, Cafaggio und Monte Senario datieren alle aus der Zeit vor 1256.

Das Generalat des heiligen Philippus Benitius
Nach einem vielversprechenden Start und durch die Unterstützung des Petrus von Verona hatte sich der Orden gut konsolidiert. Es wartete eine stürmische Zeit, deren Protagonist der heilige Philippus Benitius von Florenz war. Er trat 20 Jahre nach der Entscheidung der Sieben in den Orden ein und starb 1285, wahrscheinlich vor den meisten von ihnen.

Um diese Epoche besser zu verstehen, müssen wir uns zwei Daten vergegenwärtigen: 1215 und 1274. 1215 wurde unter dem

Pontifikat Innozenz III. das IV. Laterankonzil abgehalten. 1274 wurde unter Gregor X. das II. Konzil von Lyon gefeiert. In dieser Zeit kamen die Dominikaner und Franziskaner zur Blüte. Neben dem Kampf gegen Häresien war ein Punkt beim IV. Lateranum mehr Ordnung in die vielen religiösen Bewegungen, die nur so aus den Boden schossen, zu bringen. Innozenz III. wollte diese der Kurienkontrolle nicht entgleiten lassen. So besagte Canon 13, dass jede Gruppe, die ein Ordensleben beginnen möchte, dies in einer bewährten und von der kirchlichen Autorität genehmigten Form tun müsse. Wollte diese dennoch eine neue Form, so nur unter einer approbierten Regel (Benedikt und Augustinus für den Westen, Basilius für den Osten). Dies bedeutete nicht, dass sich eine Neugründung einem bereits bestehenden Orden unterordnen musste, machte es aber ziemlich schwierig, neue Orden zu gründen, da jede individuelle Charakteristik als „neu" eingestuft und damit unterbunden werden konnte.

Dennoch entstanden nach dem IV. Lateranum viele neue Bewegungen, die sich entweder der Benediktus- oder Augustinusregel verpflichtet wussten. Gewöhnlich erhielten neue Orden ihre Anerkennung von den Autoritäten der Lokalkirche und die ausdrückliche Protektion von der Römischen Kurie. Auch wenn das Papsttum unverrückbar ist, sind die jeweiligen Päpste dennoch individuell. Wegen Ineffizienz setzte das II. Lyonanum den Canon 13 des IV. Lateranums außer Kraft. Mit größerer Strenge wurde die Gründung weiterer Bettelorden verboten. Den nach

Detail einer Seite der „Legenda" über den Ursprung des Ordens

1215 gegründeten wurden Neuaufnahmen untersagt, was ein natürliches Aussterben bedeutete. Dies galt besonders für solche Institute, die nach 1215 entstanden waren, vom Heiligen Stuhl anerkannt, die totale Armut versprochen hatten und ihren Lebensunterhalt erbettelten. Die Serviten fielen unter die besagte Kategorie, die Armutsakte von 1251 untersagte ihnen jeden Besitz und Gütererwerb.

Die Situation war nun ernster als nach dem Laterankonzil. Damals gab es noch wesentlich mehr Ausnahmen. Das „Mendikantenkonzept" des Konziles von Lyon schloss sowohl die Franziskaner als auch die Dominikaner ein, die vom Gesetz ausgenommen waren. Das Konzil indes nannte keinen konkreten Orden und einige jüngst gegründete hatten einflussreiche Protektoren, was ihnen half, dem Verbot zu entrinnen.

Einige Chronisten der Zeit zählten die Serviten zu den verbotenen Orden. In der Tat trat unser Orden in eine der kritischsten Perioden seiner frühen Geschichte ein. Er sicherte sich aber selbst das Überleben durch die Energie, den Mut und die Begabung seines Generalpriors, des heiligen Philippus Benitius.

Philipp wurde 1233 in Florenz-Oltrano geboren, als Sohn von Giacomo und Albaverde Benizi. Die Ursprungsgeschichte und die Legenda beati Philippi widmen seinem Leben breiten Raum: Am Osterdienstag 1254 erhielt Philipp während seines Gebetes in der Servitenkirche von Cafaggio seine übernatürliche und klare Berufung zum Ordensleben. So trat er am 18. April in den Orden ein. Einige Tage nachdem er das Ordenskleid erhalten hatte bat er Fr. Bonfilius auf dem Monte Senario leben zu dürfen. Noch heute sieht man dort die Grotte und Quelle des heiligen Philipp. Seine Bildung verschweigend, bat er um Aufnahme als Laienbruder. Dies blieb er auch vier Jahre, bis zu einem Ereignis, das seine Lebensbeschreibung berichtet. Im Gehorsam unternahm er mit Bruder Viktor eine Reise nach Siena. Unterwegs trafen sie zwei aus Deutschland kommende Dominikaner. Diese rätselten über das Ordenskleid der Serviten. Der Gottesmann Philipp antwortete in Demut und bewundernswerter Weisheit: „Wenn ihr nach dem Platz unseres Ursprunges fragt, sind wir Söhne dieses Landes, aber wenn ihr unser Wesen wissen wollt: Wir sind Diener der glorreichen Jungfrau, deren Kleid zum

Zeugnis wir tragen. Wir leben nach dem Leben der Apostel und folgen der Regel des heiligen Lehrers Augustinus". Es entwickelte sich ein Gespräch über tiefe Fragen, auf welche der Gottesmann mit größter Weisheit und Überzeugung antwortete, in größter Treue zur Lehre der Kirche. Jede seiner Auffassungen belegte er mit zahlreichen Autoritäten und Beispielen aus dem Leben der Heiligen. Dann trennten sich ihre Wege.

Erstaunt sagte der Weggefährte zu ihm: „Als du in den Orden aufgenommen worden bist, wussten wir nichts über dein Wissen. Nun hast du im Gespräch mit diesen beiden Ordensleuten große Gelehrsamkeit gezeigt. Ich kann dir versichern, dass in dir unserem Orden ein Licht aufgegangen ist." Philipp bat ihn auf den Knien bei der Liebe Gottes, niemandem von dieser Begebenheit zu erzählen.

Aber als sie nach Florenz zurückgekehrt waren, erzählte Bruder Viktor allen von dieser Begebenheit. Die Brüder freuten sich sehr darüber. Sie erhoben Philipp in den Klerikerstand und er empfing die Weihen.

Wahrscheinlich wurde Philippus Benitius 1258 oder 1259 zum Priester geweiht. Seine erste Heilige Messe feierte er in der Erscheinungskapelle von Monte Senario. Neun Jahre später, erst 34 Jahre alt, wurde er zum Ordensgeneral gewählt. Die Geschichte, wie Philipp nach seiner erfolgten Wahl geflohen ist, ist historisch nicht ganz gesichert. Hernach sieht man ihn beim Gebet am Monte Amiata und die Quelle, die durch sein Gebet entsprungen ist, fließt dort noch heute. Der Ort heißt „Bäder des heiligen Philipp" in der Provinz Siena.

1267 wurde Philipp Benizi zum Ordensgeneral gewählt, sieben Jahre später war er mit den Entscheidungen des Konziles von Lyon konfrontiert. Die Serviten befanden sich auf einem Kreuzweg, weil sie nach 1215 gegründet worden sind. Es gab nach Dal Pino folgende Alternativen: Entweder waren sie ein Bettelorden, wie ihn das Konzil beschrieben hatte, was die Auslöschung wie bei den Bußbrüdern Jesu Christi oder ihren Namensvettern, den Dienern Mariens von Marseille, bedeutet hätte, oder sie mussten beweisen, nicht weiter ein Bettelorden zu sein, was sie aber zur Gründungszeit waren. Sie konnten argumentieren, dass sie zwar nach 1215 gegründet worden seien, aber einer approbierten Regel folgten und bereits eine Approbation des Heiligen Stuhles hätten und damit weiterbestehen dürften.

Philipp entschied sich für die letztere Variante. Manche legten ihm dies als „historische Kehrtwendung" aus, aber in der Tat vertrat Philipp nur eine Linie, die der Orden bereits seit dem Generalkapitel 1257 vertreten hatte.

Nach der „Armutsakte" von 1251 waren die Serviten ein Bettelorden. Schreiben der Päpste Innozenz IV. und Alexander IV. erkannten diese Akte an. Aber aller Besitz war für die römische Kirche, nicht als persönliches Eigentum erworben worden. Der Generalprior konnte argumentieren, dass von der Armutsakte bedeutende Ausnahmen gemacht worden waren, zumindest ab dem Generalkapitel 1257 mit Billigung der kirchlichen Autorität. Überdies folgte der Orden seit seinem Ursprung der Augustinusregel und seine Gesetzgebung enthielt nichts, was man als Hindernis, Eigentum zu erwerben, auslegen konnte. Der heilige Philipp war also ein Geschenk der Vorsehung. Es bedurfte zwar einiger Kompromisse und Interpretationen. Jedenfalls aber übte Philipp sein Mandat mit Integrität, Stimmigkeit und Selbstlosigkeit aus. Dabei verstand er, dass die Zeit auf der Seite der Serviten stand und er setzte auf Überraschungseffekte, wie sie oft den Lauf der Geschichte bestimmen.

Der erste Überraschungseffekt war die schnelle Folge von Päpsten nach dem Konzil von Lyon. Gregor X., der das Konzil einberufen hatte und dessen Beschlüsse durchführen wollte, starb anfangs Jänner 1276, noch bevor er nach Rom zurückkehren konnte. Innozenz V. regierte nur sechs Monate,

Der heilige Philippus Benitius

25

dessen Nachfolger Hadrian V. starb noch vor seiner Krönung. Dann regierte Johannes XXI. nur ein Jahr. Ihm folgte Nikolaus III., dessen Pontifikat drei Jahre währte. Martin IV. bekleidete sein Amt vier, Honorius IV. zwei und Nikolaus IV. vier Jahre. Das Pontifikat von Cölestin V. dauerte wenige Monate. Erst Bonifaz VIII. regierte wieder neun Jahre. Endlich wurde Benedikt XI. Papst. Auch sein Pontifikat war sehr kurz, unter diesem erhielten die Serviten aber ihre definitive Anerkennung.

Das Servitenpriorat „Heilige Maria von Cafaggio" im Codex Rustici von 1425

Ein Ordenshistoriker des 16. Jahrhunderts beschreibt, wie Philipp, um in der delikaten Angelegenheit der Anerkennung des Ordens Klarheit über die Strategie zu erhalten, alle Prioren und führenden Männer des Ordens auf dem Monte Senario zusammenrief. In intensivem Gebet flehten sie Maria um das Wohlergehen und Überleben des Ordens an. Damals sei die Vigil und das Benedicta Tu entstanden.

Weil es ein juridisches Problem war, hielt Philipp Kontakt zu den führenden Kanonisten seiner Zeit und war sich auch nicht zu schade, das Geld, die Kurienexperten zu bezahlen, von den Konventen zu erbetteln. Auch damit wurde demonstriert, dass man nicht Mendikanten im Sinne der Klausel war. Selbst Papst Johannes XXI. schenkte im April 1277 dem Konvent „Maria vom Paradies" ein großes Landstück, das er vom Grafen Heinrich von Regenstein erhalten hatte (Halberstadt).

Nach der Ursprungsgeschichte setzte Philipp besonders 1286/ 87 auch indirekte Aktivitäten, um das Überleben des Ordens zu sichern: Er stiftete Frieden in Florenz und Forlì und erwarb sich so die Achtung der päpstlichen Delegierten.

Seine Mission hatte einen bemerkenswerten Aspekt am Rande. Er kam in den Konvent von Forlì, als die Stadt von Papst Martin IV. mit dem Interdikt belegt war (26. 3. 1282 bis 1. 9. 1283). Philipp sollte durch seine Predigten die Unterordnung unter den Papst erwirken. Nicht alle Bürger der Stadt goutierten seine Worte, eine Gruppe Jugendlicher attackierte ihn außerhalb der Stadt. Unter ihnen befand sich auch der junge Peregrin Laziosi, der seine Tat kurz darauf bereute und um die Aufnahme in den Orden ersuchte. Später wurde er zum Stadtpatron, der dortige Konvent trägt seinen Namen und birgt sein Grab und viele wichtige Reliquien seines Lebens. Wegen der unsicheren Zukunft des Ordens musste Philipp viele Reisen nach Rom unternehmen. An einer von ihnen starb er im ärmsten und unscheinbarsten Konvent des Ordens, Todi, am 22. August 1285. Hatte er sich im Zusammenhang mit dem Überleben des Ordens die längste Zeit mit der Armutsfrage auseinandergesetzt, starb er im ärmsten Kloster des Ordens! Viele Bilder zeigen ihn mit einem Buch in der Hand, kein ungewöhnliches Symbol, das verschiedene Interpretationen offen lässt. Eine Tradition aus dem 16. Jahrhundert berichtet, dass er auf seinem Sterbebett nach „seinem" Buch, dem Kreuz verlangt habe. Unter seinem Nachfolger Lothar von Florenz ging die Saat, die Philipp für das Überleben des Ordens gesät hatte, auf. Schon ein Jahr nach seinem Tod bestätigten Kanonisten das Überleben. Der Weg für eine definitive Anerkennung durch den Heiligen Stuhl war nun offen. Die lange und mühevolle Angelegenheit hatte ihren Preis. Die „Armutsakte" von 1251 wurde in die Bulle Alexanders IV. inkorporiert (1256). In allen Dokumenten von 1274 bis 1304 wird die Akte nicht erwähnt. Deshalb kann man annehmen, dass Philipp in der Armutsfrage bedeutende Modifikationen in den alten Konstitutionen vorgenommen hatte. Fakten aus den ältesten Konventen bestätigen dies, dass auch in der Periode zwischen 1274 und 1304 die Gemeinschaften in Armut lebten, aber nicht alle in gleicher Weise. Einige latente Widersprüche kamen ans Licht, als der Orden nach seiner Anerkennung eine kontinuierliche Entwicklung nahm und sich an den Zeichen der Zeit orientierte, seinem Ursprung aber treu blieb. Einer der Gründer, Alexius Falconieri, war 1304 noch am Leben, er starb 1310.

Innerhalb von 50 Jahren machte der Orden viele, manchmal kontrastreiche Erfahrungen. Im Werden eines organisierten Ordensinstitutes waren sie unvermeidlich. Wie lebten die Serviten-Gemeinschaften wirklich im 13. Jahrhundert? In den meisten Fällen muss die Frage mangels von Dokumenten unbeantwortet bleiben. Aber der Blick auf eine der wichtigsten kann uns hier Anhaltspunkte liefern.

Das Serviten-Priorat "Heilige Maria von Cafaggio" von 1286–1289

1966 veröffentlichte darüber Fr. Eugenio M. Casalini ein Buch. Basis waren die Kassabücher des Konventes. In diesem Zeitraum lebten über 30 Mitbrüder im Konvent. Zehn Arbeiter waren mit dem Weiterbau eines neuen Dormitoriums beschäftigt. Der Platz im alten Priorat war begrenzt, weil dort zusätzlich 30 neue Chorstühle aus Intarsienholz errichtet worden sind. Diese hat der Tischlermeister Wilhelm von Calabrien um 50 Gold-Florins gefertigt. In diesen Gebäuden war ein Refektorium und eine Küche, ein Krankentrakt und ein Unterrichtsraum. Denn man hatte in Cafaggio eine Mittelschule, die von zwei Laienlehrern betreut wurde.

Zu den 30 Mitbrüdern kamen fünf oder sechs Knechte, die die schwere Handarbeit des Priorates verrichteten. Die ganze Gemeinschaft unterstand einem Prior, der beim jährlichen Generalkapitel gewählt wurde. Der Prokurator war den anderen Amtsträgern vorgesetzt. Er verwaltete die Finanzen, erledigte die Einkäufe, führte Verhandlungen mit der Diözese und der Stadt. Der Subprior, der nicht eigentlich Vikar war, kümmerte sich um das innere Konventleben. Es lässt sich nicht mit Sicherheit sagen, wie viele der 30 Mitbrüder Priester waren. So konnte ein Laienbruder Prokurator sein. Dies konnte man an Prokurator Bruder Ruggeri sehen, der vom P. Ruggeri unterschieden wurde.

Casalini stellt fest, dass die apostolischen Tätigkeiten wegen der Unsicherheit des Überlebens nach dem Konzil von Lyon eher eingeschränkt waren. Trotz dieser Unsicherheit von 15 Jahren war der Orden in voller Blüte, er hatte nicht mehr ganz das eremitische Antlitz des Ursprunges, sondern öffnete sich für apostolische Aufgaben. Basierend auf der Augustinusregel trugen die Konstitutionen die typischen Züge anderer Bettelorden. Der Zustrom von Gläubigen an Marienfesten (Unsere Liebe Frau von Jerusalem, Mariä Himmelfahrt, Mariä Geburt und besonders Mariä Verkündigung) zeigen eine klare marianische Spiritualität, die ihrem Namen, Diener Mariens, entsprach. Wir können nicht die Ansicht teilen, dass dies frommes Allgemeingut des 13. Jahrhunderts gewesen sei. Innerhalb der Stadtmauern von Florenz konnten viele Orden und Kirchen eine ausreichende Marienverehrung üben. Die Aussagen von Bischof Andrea de Mozzi, die Kerzen- und anderen Opfer bezeugen, dass Cafaggio das marianische Zentrum von Florenz war. Die exklusive Marianität ist das Markenzeichen des Ordens schon in dieser frühen Zeit.

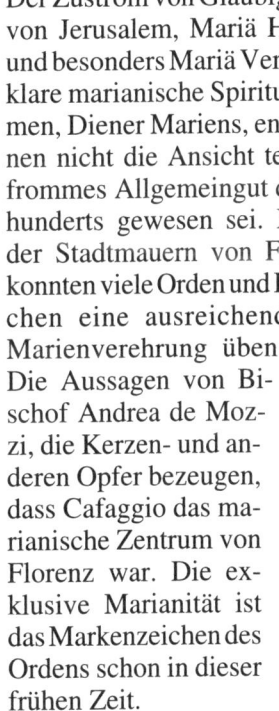

Mariä Verkündigung,
Florenz

29

DAS JAHRHUNDERT IM ÜBERBLICK

1233	Jahr des großen Halleluja, Gründungsjahr des Ordens. Philipp wird in Florenz geboren.
1245 ca.	der Aufstieg der Sieben auf den Monte Senario.
1247	Tod Ardingos, des Bischofs von Florenz.
1249	nimmt der Papstlegat in der Toskana, Kardinal Ranieri, die Serviten unter den Schutz des Heiligen Stuhles.
1250	erlaubt der Kardinallegat Peter Bonfilius, dem Prior und seinen Mitbrüdern, außerhalb von Florenz, in Cafaggio eine Kirche zu errichten, die heutige SS. Annunciata.
1251	verfassen die Serviten in Cafaggio die „Armutsakte". Mit dem Priorat Citta de Castello erste Gründung in Umbrien.
1254	tritt Philippus Benitius in den Orden ein. Zwei Papstschreiben von Innozenz IV. an die Mitbrüder in Florenz.
1256	nimmt Alexander IV. mit der Bulle „Deo Grata" den Prior und die Brüder von Monte Senario unter seinen besonderen Schutz und bestätigt damit Innozenz IV. aus den Jahren 1251/52.
1257	1. Generalkapitel in Florenz, von dem wir genauere Aufzeichnungen haben.

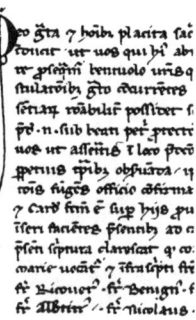

Mit der Bulle „Deo Grata" vom 23. März 1256 nimmt Papst Alexander IV. den Prior und die Brüder von Monte Senario unter seinen besonderen Schutz.

1261	Coppo di Marcovaldo malt die „Majestätische Madonna" im 1250 gegründeten Konvent Siena, eine zweite 1268 in Orvieto.
1263	erlaubt Urban IV. mit dem Brief „Inducunt nos" die Abhaltung eines Generalkapitels und die Wahl eines Generals, der vom Papst bestätigt werden muss.
1265	gibt es das erste Zeugnis der Serviten nördlich des Apennin in Bologna. Heinrich von Baldovino stiftet seinen Besitz der SS. Annunciata und tritt dort als Oblate ein. Dort ist damals Manettus von Florenz Generalprior.
1267	wird nach der Resignation von Manettus Philippus Benitius zum General gewählt.
1272 ca.	nimmt Philipp den sel. Joachim von Siena in den Orden auf.
1273	wird dem Orden die Pfarrkirche von Foligno übertragen. Erstmals wird auch ein Provinzial, der von St. Peter, erwähnt.
1274	II. Konzil von Lyon.
1275	Die Serviten kommen nach Forlì.
1276	1. Provinzial der bolognesischen Provinz.
1277	macht Johannes XXI. dem Konvent der heiligen Maria in Halberstadt eine Schenkung. Die Rechtsauffassung namhafter Kurienkanonisten: Die Serviten gehören nicht zu den durch die Dekrete von Lyon aufgehobenen Orden.
1282–1283	predigt Philipp in Forlì, das unter das Interdikt fällt.
1285–1300	ist P. Lothar von Florenz General. Unter seiner Zeit erhält der Orden in den „Constitutiones antiquae" seine erste Gesetzgebung. Zusätzliche Kapiteldekrete wurden 1295 unter den Constitutiones novae promulgiert.
1286/87	erklären Kanonisten des Hl. Stuhls die Rechtmäßigkeit des Weiterbestandes des Ordens.

1287	bestätigen Briefe Honorius' IV. mehrere Konvente in Italien.
1288	tritt der selige Franz in Siena in den Orden ein.
1288–92	schickt Nikolaus IV. viele Briefe an unsere Gemeinschaften.
1290 ca.	tritt Peregrin Laziosi in Siena in den Orden ein.
1294–95	werden die Priorate von Asti und Alexandria gegründet und der lombardischen Provinz unterstellt.
1297–1302	richtet Bonifaz VIII. zahlreiche Briefe an den Orden, einen 1299 an die deutsche Provinz.
1304	erkennt Benedikt XI. am 11. Februar mit der Bulle „Dum laevamus" den Orden definitiv an.

2. Kapitel

DAS 14. JAHRHUNDERT

Vom Generalat des Petrus von Todi (1314–1344) bis Andreas von Faenza (1374–1396)

Ein weitgehend noch unbekanntes Jahrhundert
Während die Zeit vom Ursprung bis zur definitiven Anerkennung sehr gut dokumentiert und untersucht ist, fehlt solches für die nachfolgende Periode. Hier liegt, abgesehen von einigen Spezialuntersuchungen, noch vieles im Schatten.

Das Hauptproblem ist, dass das Material entweder verloren gegangen oder noch unentdeckt ist. Die Register des Generalates und der Priorate sind oft verschwunden und auch die päpstlichen Dekrete sind nicht in einem Band gesammelt.

Die Kirchengeschichte dieser Zeit ist sehr komplex, denken wir nur an das Avignoner Exil 1305, das die Kommunikation mit der Kurie sehr erschwerte. Zudem gab es oft sogar mehrere Gegenpäpste. Unter diesen Zuständen litt auch der Orden.

Die Zeit nach der päpstlichen Anerkennung des Ordens
Der General zur Zeit der päpstlichen Anerkennung war Fr. Andreas M. Balducci von Sansepolcro. Er wurde vier Jahre vorher gewählt und auch sein Vorgänger Lothar von Florenz war noch am Leben und genoß noch Autorität im Orden. Lothar starb 1304. Im Jahr darauf wurde Balducci wiedergewählt, aber nicht ohne Opposition. Er wurde vom Papst bestätigt.

Am Beginn des 14. Jahrhunderts bestand der Orden aus vier italienischen Provinzen (Toskana, das Patrimonium von St. Peter, Bologna, Lombardei) und einer in Deutschland. Es bestanden

33

*Fr. Andreas
Balducci von
Sansepolcro*

31 Priorate mit 250 Mitbrüdern. 1304 lebte auch noch einer der Sieben Väter, der heilige Alexius, der 1310 starb.

General Andreas Balducci blieb bis zu seinem Tode 1314, zwölf Tage vor dem Generalkapitel in Viterbo, im Amt

Das Kapitel tagte in der Oktav von Maria Himmelfahrt im neuen Konvent von Rimini. Auf diesem wurde Petrus von Todi zum General gewählt. Einige forderten die Bestätigung durch den Papst. Clemens V. starb in Frankreich einen Tag nach Balducci. Sein Nachfolger Johannes XXII. wurde im August 1316 gewählt. Petrus von Todi übte bereits seine Rechte und Pflichten aus, wie aus Zeitdokumenten, wie der Errichtung des Konventes von Venedig, zu entnehmen ist.

Das schwierige Generalat des Petrus von Todi

Das lange Generalat von Petrus von Todi, 1314–1344, das zweitlängste nach dem des Nikolaus von Perugia, 1427–1461, in der Ordensgeschichte, war eines der wichtigsten für den Orden. Er war unter anderem verantwortlich für die endgültige Fassung der Ursprungsgeschichte, die einzige erzählende Quelle, die wir aus der Gründungszeit besitzen.

Petrus wurde in Todi irgendwann zwischen 1270 und 1280 geboren, sein Familienname war Lotto oder Lotti. 1295 trat er in den Orden ein. Seine ersten Jahre verbrachte er unter Lothar von Florenz. 1306 finden wir ihn als Provinzial in Bologna, 1307 ist er Provinzial der Lombardei und am 22. August 1314 wurde er in Rimini zum General gewählt. Eine Analyse der unter den Generalkapiteln seines Generalates zuzuordnenden Constitutiones novae zeigen ihn als Befürworter der Observanz und Verehrer der Ordensheiligen. In der Tat ist er der Begründer der servitanischen Hagiografie und deren erster Verfasser.

1317 erlebte er die Übertragung der sterblichen Überreste des heiligen Philippus Benitius und deren Beisetzung unter dem Altar in der Kirche von Todi. Diese wurde mit großer Feierlichkeit und Beteiligung des Ordens begangen. Bei der geistlichen Leitung des Ordens war ihm Philipp Vorbild.

Als Mann der Tat und von starkem Charakter, hatte Petrus von Todi kein leichtes Leben als General. Die Ausbreitung des Ordens unter seinem Generalat zeigt sein Engagement: 1326 wurde Venedig Provinz, über 20 neue Konvente wurden gegründet.

Um 1320 beginnen sich im Orden Spannungen bemerkbar zu machen. So muss sich beim Generalkapitel 1328 in Siena Petrus von Todi gegen Angriffe verteidigen, weil er Kontakte zum Papstgegner Alois dem Bayern unterhalten hatte. Aber die Entwicklung des Ordens ging harmonisch weiter, wie Briefe der Kardinallegaten Giovanni Orsini und Bertrando Poggetto zeigen.

Die Krise für Petrus von Todi brach 1334 aus, als einige Obere des Ordens seine Exkommunikation verlangten, darunter auch der Prior der SS. Annunciata. Es gab zwei Anklagepunkte: erstens hätte er Observanz und Disziplin vernachlässigt, zweitens würde er autoritär regieren. Am 25. März 1334 wurden Petrus von Todi und sein Unterstützer Christoph von Parma im Dom von Florenz feierlich exkommuniziert. Davide Montagna hat die Vorgänge genau untersucht: „Die Exkommunikation erfolgte in Florenz und nicht in Avignon, wo der Papst damals war. Ihr voraus ging eine Beratung des Kardinallegaten mit den Brüdern in der SS. Annunciata. Das Dokument wurde in Florenz am Bischofspalast und am Dom veröffentlicht. Die Bulle wurde dann nach Avignon gesandt, wo zwei Brüder, Clemens von Florenz († 1343) und Franz von Borgo Sansepolcro bereits warteten. Die Notifikation der Exkommunikation wurde an die Bischöfe von Pistoia und Perugia gesandt. Br. Grimaldo, einer der Hauptbetreiber der Affäre, reiste nach Perugia." Die Veröffentlichung der Exkommunikation zeitigte im Orden nur einen begrenzten Effekt, weil der Angeklagte an den Papst appellierte und in der Gegenwart des Bischofs von Florenz einige Kompromisse mit den Mitbrüdern in der SS. Annunciata schloss. Für den 1. Oktober berief Petrus ein Generalkapitel ein. Der Fall ruhte. Am 4. Dezember 1334 starb Johannes XXII. und während des Pontifikates von Benedikt XII. (1334–1342) passierte nichts

Der sel. Fr. Jakob de Villa

36

weiteres. In einem Brief vom 31. Dezember 1341 wies Benedikt die Anschuldigungen zurück, enthob aber vier von ihm eingesetzte Vikare des Amtes. Aber dies beruhigte die Situation nicht wesentlich. Petrus von Todi starb 1344 vermutlich in Avignon. Die feierliche Erinnerung an seinen Tod in der Chronik des Konventes von Venedig bestätigt, dass er im Amt des Generalates gestorben ist.

Der Schatten der Exkommunikation hängt Petrus von Todi in vielen historischen Darstellungen nach. Erst die neuere Geschichtsschreibung rehabilitiert ihn, unter dem der Orden einen so großen Fortschritt gemacht hat, sowohl in der Anzahl der Mitbrüder, als auch in der Qualität des geistlichen Lebens.

In einem Spätwerk von Raffaelo M. Taucci († 1971) vertritt dieser die These, dass Petrus von Todi Opfer verschiedener Kräfte geworden ist. Die zwei gegen ihn erhobenen Anklagen wiederholte Fr. Arcangelo M. Giani drei Jahrhunderte später, ein Geschichtschreiber, der allen anderen widersprechen wollte. Selbst jene Mitbrüder, die später auf Distanz und in Opposition gingen, würdigten die unbestrittenen Verdienste in der ersten Hälfte seiner Generalatszeit. Er wurde angeklagt, autoritär zu sein und die Observanz zu lockern. Immer wenn man die Teilung in einer Institution zu heilen hat, wird man für die einen autoritär, für die anderen zu schwach gelten. Dies ist eine Erfahrung der ganzen Kirchengeschichte.

Einige heilige Gestalten

Der Raum reicht nicht, um von allen heiligmäßigen Serviten aus der ersten Hälfte des 14. Jahrhunderts zu sprechen. Neben dem heiligen Alexius, dem letzten der heiligen Sieben Väter, der 1310 starb, sind die seligen Joachim und Franz von Siena erwähnenswert. Überdies der heilige Peregrin Laziosi und die heilige Juliana Falconieri. Joachim († 1305) und Franz († 1328) lebten beide in Siena, Peregrin starb 1345 und Juliana 1341. Sie hatte die erste Frauengemeinschaft in Florenz um sich versammelt. Peregrin wurde 1726, Juliana 1737 heilig gesprochen.

Von Joachim und Franz besitzen wir Lebensbeschreibungen („Legendae"). Wir wissen indirekt, dass Peregrin eine Berufung durch den heiligen Philippus Benitius war. Philipp weilte wäh-

Der hl. Peregrin Laziosi von Forlì

rend des päpstlichen Interdiktes (1282–1283) als Friedensprediger in Forlì. Außerhalb der Stadt wurde er von einer Gruppe von Hitzköpfen attakiert, unter denen sich auch Peregrin, der Sohn von Berengario Laziosi und der Flora degli Aspini. Philipps Gebet für die Angreifer bewirkten die Bekehrung des jungen Peregrin, der den Heiligen um Vergebung bat und wenige Jahre später in den Orden eintrat. Sein Noviziat machte er in Siena, damals eine Gemeinschaft mit vielen heiligen Serviten. Peregrin hat sowohl den seligen Joachim, als auch den seligen Franz gekannt.

38

Von Siena kehrte Peregrin in seine Geburtsstadt Forlì zurück. Er war Laienbruder. In den späteren Jahren – er wurde über 80 Jahre alt – litt er an einer Wunde am rechten Bein große Schmerzen. In der Nacht, bevor er hätte amputiert werden sollen, wurde er wunderbar geheilt.

Seine Reliquien sind in der gleichnamigen Basilika in Forlì beigesetzt. Die jüngste Restaurierung hat die Basilika zu einem wertvollen Zeugen servitanischer Geschichte gemacht. Leo XIII. erhob den heiligen Peregrin 1880 zum Stadt- und Diözesanpatron von Forlì. Weltweit wird der Heilige heute von den Krebskranken angerufen.

Die heilige Juliana Falconieri ist die erste und wichtigste heilige Frau in der servitanischen Familie. Sie wurde 1678 selig- und 1737 heilig gesprochen. Emilio M. Bedont entnimmt ihrer Hagiografie: Im Alter von 15 Jahren legte sie das Gelübde der Jungfräulichkeit in die Hände des heiligen Philipp ab und erhielt den Oblatenhabit. Um 1270 geboren, lebte sie bis zum Tod ihrer Eltern zuhause. Dann sammelte sich um sie eine Gruppe von Gefährtinnen, die ein gottgeweihtes Leben führen wollten. Dies ist am 3. Juli 1332 bezeugt. Sie starb am 19. Juni 1341 und an ihrem Grab in der Basilika der SS. Annunciata ereigneten sich viele Wunder. Dem Ordenshistoriker Paolo M. Attavanti folgend, ist die heilige Juliana die Gründerin der Klausurschwestern und der Servitinnen. Die tiefe Verehrung der Eucharistie trug wesentlich zu ihrer Heiligkeit bei.

Die „Legendae" des 14. Jahrhunderts

Es handelt sich hierbei um eine für dieses Jahrhundert typische literarische Gattung geistlicher Schriften. F. A. Dal Pino charakterisiert: „In der Ursprungsgeschichte gibt uns ein unbekannter Autor, wahrscheinlich Petrus von Todi um 1318 in erzählender Weise einen Rückblick auf den Ursprung des Ordens und seine frühe Entwicklung. Als Basis-

Aus den „Legendae" der sel. Joachim und Franz von Siena

39

dokument verwendet er vermutlich einen vor dem Jahre 1274 abgefassten Text. Beschaulichkeit und Armut prägten den geistlichen Weg der Gründerväter. Diese Geschichte wird in einen marianischen Rahmen, dominiert von der Figur des heiligen Philippus Benitius, gestellt. Dessen Reliquien waren 1317 feierlich übertragen worden. Dann gibt es zwei Legendae über den heiligen Philipp aus der ersten Hälfte des 14. Jahrhunderts: die eine, in Florenz geschrieben, basiert auf der Ursprungsgeschichte, die andere entstand in Umbrien. Die erste ist autoritativer, die zweite episodischer.

Zwei andere „Legendae" betreffen die beiden seligen Serviten von Siena: den seligen Joachim (ca. 1258–1305), geschrieben zwischen 1325 und 1335 von einem Zeitgenossen. Die andere betrifft den seligen Franz von Siena (1266–1328), geschrieben von seinem Freund Christoph von Parma, dem Sekretär von Petrus von Todi, um 1350.

Die päpstliche Bulle „Regimini universalis ecclesiae"

In ihren legislativen und organisatorischen Anweisungen wurden die Constitutiones antiquae durch spätere Dekrete, die Constitutiones novae, ergänzt. Bis zum Konzil von Trient hatte der Orden keine neue Ausgabe der Konstitutionen. In Kraft waren die Constitutiones antiquae und novae.

Die Bulle Clemens VI. „Regimini universalis ecclesiae" war eine Innovation in der Gesetzgebung des Ordens, besonders in der Organisation. Die Bulle wurde am 23. März 1346 promulgiert und in die Constitutiones novae eingeschlossen. Das Dokument ist eine Reaktion auf die Kontroversen während des Generalates von Petrus von Todi. Die Normen waren auf der Linie Benedikts XII. Clemens VI. hatte sich aber eine Ordensreform zum Ziel gesetzt. Zu dieser Zeit war Matthäus von Città della Pieve Ordensgeneral. Interessant sind jene Normen, welche General- und Provinzkapitel betreffen.

Generalkapitel sollen nicht mehr jedes Jahr, sondern nur noch alle drei Jahre stattfinden. Der bisher auf Lebenszeit gewählte General soll nur noch bis zum nächsten Generalkapitel im Amt sein. Er konnte aber wiedergewählt werden. Die Bestätigung durch den Papst ist nicht weiterhin notwendig.

Der sel. Joachim von Siena

Provinzkapitel sollten jährlich abgehalten werden. Ein Provinzial konnte nur für maximal drei Jahre gewählt werden. Konvente mit mindestens 12 Mitbrüdern konnten ihren Prior selbst wählen, der vom Provinzial bestätigt wird.

Die Normen über das Generalkapitel blieben bis 1619 in Kraft, seitdem werden Generalkapitel alle sechs Jahre abgehalten. Die Bulle, ohnehin im Rahmen eines größeren Reformplanes des Papstes, war unvermeidlich angesichts der anstehenden Konflikte und Schwierigkeiten des Generalates von Petrus von Todi.

Sein Nachfolger, Fr. Matthäus, wurde von Papst Clemens VI. bestätigt, starb aber bereits 1348, während der großen Pestepidemie.

Die Pestepidemie von 1348

Der „schwarze Tod", die Pest, suchte Europa 1347–1350 heim. In Italien war das Jahr 1348 desaströs: Venedig (100.000 Tote), Neapel (60.000), Genua (40.000) und Florenz (40.000). Danach breitete sich die Pest nach Frankreich (2.000 Tote in Avignon)

Der Serviten-Habit in einer Ausgabe des Decamerone aus dem 14. Jahrhundert

und Europa aus. In Rom gab es zur Pest noch mehrere Erdbeben mit großer Zerstörung. Wieweit hat die Pest den Orden betroffen? In der Zeit von 1304–1348 hat sich der Orden in seiner Größe verdoppelt. Während der letzten zehn Jahre des Generalates von Balducci wurden in Italien fünf Konvente geöffnet, alle in der Romagna-Emilia: Parma und St. Giuseppe in Bologna (1306), Rimini, Faenza und Reggio Emilia (1313). Während des Generalates von Petrus von Todi wurden 20 Konvente gegründet. Der erste 1316 in Venedig ist bezeichnend für die Ausdehnung des Ordens nach Norden, speziell ins Veneto, wo man noch nicht vertreten war.

S. Margharita nahe Bologna (1318), Vicenza (1321), Modena (1322), Monterreggioni nahe Siena (1323), Verona (1324), Imola, Piazenza (1325), Genua (1327), S. Eusterio in Rom (1331), Casole d'Elsa bei Siena (1327). Südlichster Punkt war Viterbo. Dann wurden gegründet: Fabriano (1335), Prato (1336), Ferrara (1339), Santa Maria in Venedig (1343), Scofiano (1344), Pisa (vor 1317), Massa (vor 1326). Die von kurzer Dauer bleiben hier unerwähnt.

Das kurze Generalat von Fr. Matthäus M. erlebte die Gründung von Treviso (1346) und Gubbio (vor 1348), die erste Gründung in Umbrien seit 100 Jahren.

In Deutschland wurden in knapp über 40 Jahren sieben neue Konvente gegründet: Bernburg in Sachsen (vor 1308), Erfurt (1309), Radeburg (vor 1318), Grossenhain (1318), Altlandsberg in Brandenburg (1335), Schornsheim im Rheinland (vor 1339), Mariengart (1339). Insgesamt waren es ca. 34 neue Konvente, die genaue Zahl lässt sich nicht mehr feststellen, die zu den bereits bestehenden 30 von 1304 dazukamen. Überdies gab es ein Studienhaus des Generalates in Paris. 1326 war die venetianische Provinz errichtet worden. Diese zählte zur Zeit der Pest acht Konvente. So können wir annehmen, dass die Zahl der Mitbrüder zwischen 500 und 600 betragen hat. Die Epidemie scheint sich auf den Orden nicht signifikant ausgewirkt zu haben.

Siegel des Konvents von Mariengart

Denn kurz darauf folgen Gründungen in Mestre (1349), Como (1352) und Pavia (1354), alle Richtung Norden. In den folgenden 25 Jahren wurden nur drei Konvente gegründet: Prag (1360), Vacha als Transfer von Mariengart (1368) und San Marcello in Rom (1369), weil S. Eusterio nicht weiter bestand. San Marcello wurde während des kurzen Aufenthaltes Urbans V. in Rom gegründet, kurz vor seiner endgültigen Rückkehr.

Monte Senario im 14. Jahrhundert

Über die Situation von Monte Senario im 14. Jahrhundert ist wenig bekannt. Wir wissen viel über die Erneuerung am Beginn des 15. Jahrhunderts. Aber es ist bemerkenswert, dass die Geschichte eines für den Orden so heiligen Ortes auch unter den Generalaten des Philipp Benitius und Lothars von Florenz wie des Generalates von Andrea Balducci nicht sorgfältiger registriert worden ist. Von Petrus von Todi gibt es Fragmente (1323). Befremdend auch das Schweigen der Register der SS. Annunciata. Erst eine jüngere Studie hat hier Licht ins Dunkel gebracht: Drei Zeugnisse (1303, 1319 und 1321) sprechen von den Eremiten von Monte Senario. Sowohl die „Perugia-Legenda"

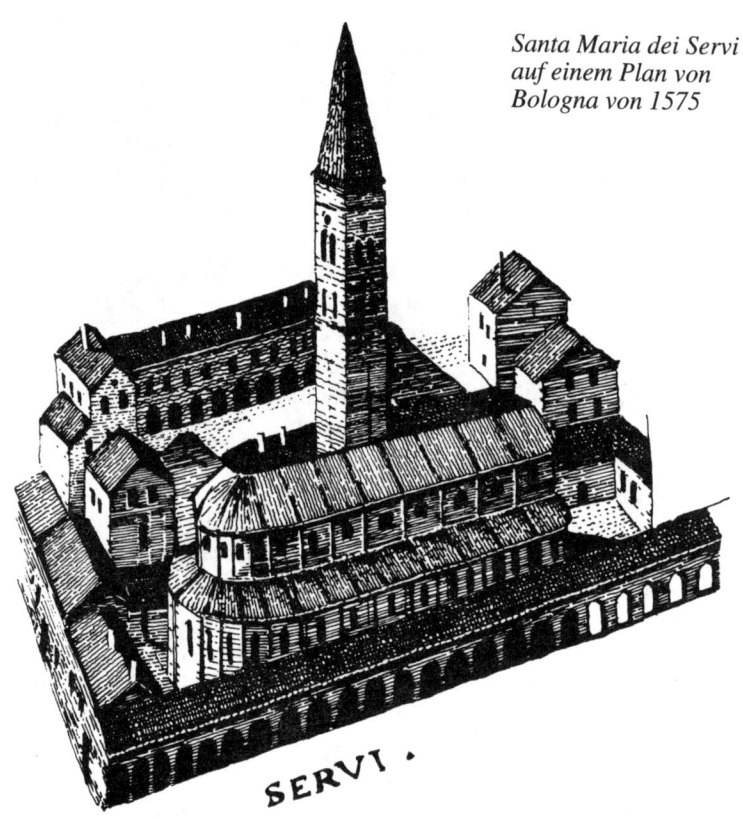

Santa Maria dei Servi auf einem Plan von Bologna von 1575

des heiligen Philipp und die Ursprungsgeschichte würdigen das Priorat außerordentlich. Während die Ordensregister schweigen, beschäftigt sich Weltliteratur wie Boccaccios Decamerone mit Monte Senario. Der Vorspann zum 4. Tag spricht von einem Philippo Balducci, der zum Monte Senario aufstieg und sich mit seinem jungen Sohn in einer kleinen Zelle niederließ.

Die Bedeutung von Boccaccio für die Serviten resultiert nicht nur wegen seiner Verewigung von Monte Senario, sondern er hat uns auch eine Beschreibung des Serviten-Habits aus dem 14. Jahrhundert hinterlassen. Eine Miniatur in einer Ausgabe des Decamerone aus dem 14. Jahrhundert, die sich in der Nationalbibliothek von Paris befindet, zeigt Philippo Balducci und seinen Sohn im Serviten-Habit nach Florenz herabkommen. Auch in

44

den Erinnerungen des Giovanni di Pagolo, eines 1371 in Florenz geborenen Kaufmannes, findet sich der tiefe Eindruck, den die Eremiten von Monte Senario auf ihn machten, beschrieben. Endlich findet sich in Giovanni Gherardi di Prato Paradiso degli Alberti (1367–1446) eine Beschreibung des heiligen Ortes mit den kleinen Brüdern, „fraticelli".

Aus all den Befunden kann geschlossen werden, dass Monte Senario in der 2. Hälfte des 13. Jahrhunderts ein Priorat wie jedes andere im Orden war. Einige Eremiten lebten dort. Über die Beziehung zum übrigen Orden wissen wir wenig, es scheint aber, dass Monte Senario eine Außenstation der SS. Annunciata war.

Die Tatsache, dass Monte Senario im 15. Jahrhundert wieder ins Zentrum der Ordensgeschichte rückt, lässt darauf schließen, dass es im 14. nicht ganz unbedeutend war. Doch das ist eine der am wenigsten erforschten Epochen der Ordensgeschichte. Da bildet auch Monte Senario keine Ausnahme.

Die Erneuerung unter dem Generalat von Andreas von Faenza

Der General Matthäus von Città della Pieve starb während dem Höhepunkt der Pestepidemie und Clemens VI. bestätigte Fr. Vitale von Bologna am 3. Dezember 1348 als seinen Nachfolger. Dieser übte auch einige Aufträge im Dienste des Heiligen Stuhles aus und wurde 1362 zum Bischof von Ascoli ernannt. Im folgenden Jahr übersiedelte er nach Chieti. Das normale Generalkapitel war bereits 1362 in Genua gehalten worden.

So wurde für 1. Mai 1363 in Florenz ein weiteres Generalkapitel einberufen. Zu spät! Am 20. Februar 1363 hatte Urban V. Fr. Nicolo von Venedig zum General ernannt, der aus der jüngsten Region des Ordens kam. Das Kapitel bestätigte ihn und nach der Wahl der anderen Oberen schloss es.

Fr. Nikolaus von Venedig starb im Amt am 26. August 1370. Da war aber kein turnusmäßiges Generalkapitel, weil das letzte 1368 in Venedig abgehalten worden war. Der Papst intervenierte erneut und ernannte Fr. Matthäus von Bologna im September 1370. Dieser starb bereits 1371. Unmittelbar darauf wurde ein Generalkapitel zur Wahl seines Nachfolgers einberufen, doch den in Faenza tagenden Brüdern wurde die Nachricht überbracht, dass Gregor XI. bereits Fr. Antonio Mannucci von Florenz zum General ernannt hatte.

Der Kommentar dazu in den Constitutiones novae ist kurz und bezeichnend: „Das Kapitel hat sich aufgelöst. Die Brüder fügten sich diesem Entscheid". Der Sachverhalt der Papsternennungen ist schwer interpretierbar.

1374 wurde ein Generalkapitel in Pisa zusammengerufen, in Übereinstimmung mit der Bulle „Regimini universalis ecclesiae", ohne auf das Ende der Amtsperiode des Generals zu warten. Fr. Antonio Manucci war nur 3 Jahre im Amt. Die Konstitutiones novae berichten: „Die Definitoren wählten Fr. Antonio von Florenz ab, ohne dass dieser oder jemand Widerstand leistete. Die Neuwahlen ergaben mit der Zustimmung aller Mitbrüder, ohne Gegenstimme, Fr. Andreas von Faenza als Generalprior." Fr. Andreas leitete den Orden 22 Jahre. Die meisten Studien beschäftigen sich mit seiner Kulturtätigkeit. Er war ein wahrer Architekt und während seiner Amtszeit wurden zahlreiche Kirchen und Priorate gebaut, renoviert oder ausgeschmückt, so dass er unter dem Motto berühmt wurde „mores et muros ubique refecit". Als Architekt ist er besser unter dem Namen Andrea Manfredi bekannt. Er ist der Baumeister von San Petronio und der Servitenkirche in Bologna.

Fr. Andreas von Faenza

Alessio M. Rossi würdigt ihn: „Er war eifrig im Beachten der Observanz, tief in der Verehrung der Ordensheiligen, besonders des heiligen Philippus Benitius. So ordnete er an, dass alles Material für dessen Heiligsprechung gesammelt werden soll. Auch setzte er sich sehr für die Ausbreitung des Ordens in Spanien ein."

In Bologna wurde er zum Ehrenbürger ernannt und ihm ein Ehrengrab der Stadt angeboten. Beigesetzt wurde er in der Servitenkirche in Bologna, sein Grab schmückt ein lebensgroßes Relief.

Ihm nach folgte Fr. Giovanni Saragozza von Bologna, der bis zum Beginn des 15. Jahrhunderts im Amte blieb. Es wurden während des Generalates von Fr. Andreas nur wenige neue Konvente in Italien gegründet: einerseits musste sich der Orden von der Pest erholen, andererseits nach der Rückkehr des Papstes aus Avignon wieder größere Stabilität gewinnen.

Um 1380, wenn nicht davor, wurden die Konvente Pergola en Marches, Verruccio in der Romagna und Castelnuovo Scrivia in Piemont gegründet. Um 1382 waren die Serviten in Passignano in der Nähe des Trasimenersees. Später folgten Modena (1382), Castelfranco Veneto (ca. 1390), Mantua (1392) und Padua (1393). Der Konvent Racconigi geht zurück auf 1399, Galliate in Piemont 1402. In Deutschland gab es keine weiteren Gründungen im auslaufenden 14. Jahrhundert.

Beachtung verdienen auch die Studienhäuser des Ordens. Bis zum großen Schisma des Westens bevorzugte der Orden die Universität von Paris. Es gibt eine Liste von Serviten, die dort studiert haben. Über die bestätigenden Generalkapitel kennen wir die dortige Lebensordnung relativ gut. Später wurden in den größeren Städten Italiens Studienhäuser errichtet. Bevorzugt besucht wurde die Universität Bologna, wo 1362 eine Theologische Fakultät errichtet wurde.

Das Generalkapitel von 1402 verfügte, dass jede Provinz einen oder zwei Studenten an das Studienhaus in Bologna senden dürfe. Hier endet dieses Jahrhundert, welches mit Alexius Falconieri begann, der noch im Alter in den Straßen von Florenz für die jungen Studenten in Paris bettelte. Das ist ein gut belegtes historisches Faktum.

Die Entwicklung der Priorate des Ordens innerhalb von 100 Jahren:

Provinz	1304	1348	1404
Toskana	7	12?	12
Patrimonium St. Peter	10	13	15
Romagna (Bologna)	6	11	13
Lombardei	3	7	12
Venetien	0	8?	9
Deutschland	4	11	13
Paris (Kolleg)		1	
Gesamt	30	63?	74

Die Statistik verdeutlicht, dass sich der Orden in den knapp 50 Jahren von 1304–1348 verdoppelt hat. Auch die Pest ist signifikant: in 60 Jahren der Zuwachs von nur 11 Konventen. 1404 gibt es sechs Provinzen mit 74 Konventen. Monte Senario ist aus den obigen Gründen nicht berücksichtigt. Seine Geschichte beginnt wieder 1404.

DAS JAHRHUNDERT IM ÜBERBLICK

1304	wird der selige Jakob de Villa, der „Almosengeber", hingerichtet.
1305	stirbt der selige Joachim von Siena.
1306	nimmt der selige Bonaventura von Pistoia die Gelübde der heiligen Agnes von Montepulciano und ihrer Gefährtinnen entgegen und bestätigt sie als erste Äbtissin des Konventes.
1309	flieht der französische Papst Clemens V. (1305–1314) nach Avignon. Das „babylonische Exil" der Kirche dauert bis 1377.
1310	stirbt der letzte der Ordensstifter, Alexius Falconieri.
1314–1344	ist Petrus von Todi General.
ca. 1315	sterben der selige Ubald von Sansepolcro auf dem Monte Senario (Freund Philipps) und Bonaventura von Pistoia in Orvieto.
1315	stirbt der selige Andreas von Sansepolcro.
1316	wird der erste Konvent in Venedig gegründet.
1317	werden die Reliquien des heiligen Philipp Benitius feierlich nach Todi überführt.
ca. 1318	wird die wahrscheinlich von Petrus von Todi verfasste Ursprungsgeschichte herausgegeben.
1326	erhält die venetianische Provinz ihren ersten Provinzial.
1327	ist Genua die erste Gründung in Ligurien.
1328	stirbt der selige Franz von Siena. Dort wird auch ein wichtiges Generalkapitel gefeiert.
1331	ist St. Eusterio der erste Konvent in Rom. 1369 folgt San Marcello.
1334	datiert der Exkommunikationsversuch gegen Petrus von Todi.
1341	stirbt die heilige Juliana Falconieri.
1343	stirbt der selige Thomas von Orvieto.
1345	stirbt der heilige Peregrin Laziosi.

1346	ergeht an den Orden die päpstliche Bulle „Regimini universalis ecclesiae". In Todi entsteht in der Servitenkirche ein Fresko des heiligen Philipp. Heute gibt es dort einen Klarissenkonvent.
1348	grassiert eine große Pestepidemie in Italien.
1349–1353	wird Monte Senario in Boccaccios Decamerone erwähnt.
1360	wird ein Konvent in Prag gegründet.
1362	wird der General Vitale de Bologna zum Bischof von Ascoli ernannt und übersiedelt 1363 nach Chieti.
1374–1396	währt das Generalat von Andreas Manfredi de Faenza.
1374	erlaubt Gregor XI. dem Orden die Gründung von Konventen in Spanien und Portugal.
1378	beginnt das „große Schisma" mit zwei gewählten Päpsten.
1402	erlaubt das Generalkapitel von Florenz jeder Provinz, ein oder zwei Studenten an die Universität von Bologna zu schicken.

3. Kapitel

DAS 15. JAHRHUNDERT

Von der Wiedergeburt von Monte Senario (1404) bis zum Tod von Fr. Antonio Alabanti (1495)

Ein Jahrhundert mit vielen Facetten ...
Man könnte dieses Jahrhundert als „Zeitalter der Reformen"
bezeichnen. Zuerst war der ganze Orden in die materielle und
spirituelle Renovierung von Monte Senario involviert. Um 1430
begann die „Observanz", die zu unabhängigen Konventen führte,
nicht juridisch, sondern im Lebensstil, sich von den traditionellen
Häusern zu unterscheiden. Die Erscheinung der Observanz gab
es nicht nur bei den Serviten. Es gab sie auch in anderen Orden
und dort führte sie manchmal zur Gründung ganz neuer Orden,
total unterschieden von den Ursprungsorden.

Nach der Hälfte des Jahrhunderts wurden im Kontext der
Observanz Reformen gestartet, die bis über das Konzil von Trient
hinaus dauerten. 1570 wurden die Mitglieder wieder in den
Hauptorden reintegriert. Nicht nur aufgrund des „Zeitalters der
Reformen" war das 15. Jahrhundert eine reiche und komplexe
Periode innerhalb der Ordensgeschichte, auch wenn viel Archiv-
material verloren gegangen ist und viele Details noch nicht
erforscht sind (D. Montagna).

Der Servitenorden war in Nord- und Mittelitalien dicht verbreitet und in Deutschland konsolidiert. Es war eine sozial,
religiös und kulturell stabile Zeit. Wirtschaftlich und sozial war
das 15. Jahrhundert eine Wachstumsperiode: die Landwirtschaft

blühte, große und kleine Städte entstanden, künstlerisch großartig ausgestaltet, und die Gesellschaft differenzierte sich.

In der Kirche nahm das westliche Schisma mit Päpsten und Gegenpäpsten bis Martin V. (1417) seinen Gang. Das Schisma wirkte sich auf die Konzilien von Basel, Ferrara, Florenz und Rom (1431–1445) aus. In der Kultur war es das Jahrhundert der Literatur, des Humanismus und der Renaissance, die die mittelalterliche Lebenswelt erschütterten. Durch den Frieden von Lodi (1454) zerfällt das Jahrhundert politisch in Italien in zwei Hälften. Dieser Friede beendet eine 50-jährige Kriegszeit und eröffnet eine relative Friedenszeit, die erst durch die Invasion von Karl VIII. 1494 beendet wird.

Die Serviten spielten im sozialen und religiösen, im politischen und kulturellen Leben eine aktive Rolle. Folgen wir also der Entwicklung des Ordens im großen kirchlichen und gesellschaftlichen Horizont. Besonderes Augenmerk soll dabei dem intellektuellen und spirituellen Leben geschenkt werden.

Beim Generalkapitel von Ferrara 1404, als die Wiedergeburt von Monte Senario beschlossen wurde, hatte der Orden sechs Provinzen mit über 70 Konventen. Die Anzahl der Mitbrüder dürfte knapp unter 1000 betragen haben. So hatte der Orden innerhalb der Kirche doch einiges Gewicht. Die ersten Serviten als Bischöfe datieren aus dieser Zeit.

Die Wiedergeburt von Monte Senario

Der Konvent von Monte Senario, so bedeutsam in der Geburtstunde des Ordens der Diener der heiligen Maria 1249–1256, verschwindet nach 1257 langsam von den Seiten der Geschichte, als der General seinen Sitz außerhalb von Florenz aufschlägt. Der Schreiber der Endversion der Ursprungsgeschichte, wahrscheinlich Petrus von Todi, bemerkt, dass damals, 1317–1318, die Erinnerung an Monte Senario und die Ursprünge des Ordens vernachlässigt worden sei. Zu dieser Zeit lebten Eremiten oder „kleine Brüder" dort. Man nannte sie „fraticelli", und Boccaccio bewundert die Armut ihres Lebens in Fasten und Gebet.

Bis 1404 gibt es keine andere Information über die Wiege des Ordens. In diesem Jahr, während des westlichen Schismas und des Generalats von Fr. Antonio de Bologna, plant das Generalkapitel von Ferrara die materielle und spirituelle Erneuerung von Monte Senario. Dies geschah auf den Vorschlag des Priors von Florenz, Fr. Pietro M. Silvestri. Noch im selben Jahr bezogen Fr. Antonio de Siena und ein Eremit, der bereits dort lebte, in Monte Senario Residenz. In den folgenden zwei Jahren stießen sechs bis acht weitere Brüder aus der Toskana zu ihnen.

Das Gemeinschaftsleben basierte auf der exakten Beobachtung der Regel des heiligen Augustinus. 1405 kam dauerhaftes Fleischfasten dazu. 1412 wurden die ersten Novizen aufgenommen. Dank der Stiftungen der adeligen Familie Della Stufa machte die Renovierung gute Fortschritte. Die Kirche wurde nicht neu konsekriert.

Beim Generalkapitel 1413, das in Pisa gehalten wurde und als Fr. Stefano von Sansepolcro General war, folgte der Orden den Empfehlungen Papst Johannes' XXII. Monte Senario erhielt eigene Statuten, die ihm den eigenen Weg erlaubten. Der Konvent wurde unmittelbar dem General unterstellt. Der toskanische Provinzial konnte dort zwar die kanonische Visitation halten, durfte aber die Gemeinschaft nicht besetzen. Aufgrund der Armut war die Gemeinschaft von allen regulären Ordensabgaben befreit. Der Prior wurde alle zwei Jahre von der Gemeinschaft gewählt und vom General bestätigt, der auch die Kompetenzen des Priors bestimmte. Diese Privilegien wurden vom Generalkapitel 1434 in Cesena bestätigt, auch wenn es Schwierigkeiten gab. Papst Eugen IV., ein Förderer der Observanz, bestätigte 1436 die Privilegien. Er ermutigte

SS. Annunciata, Rovato

Monte Senario sogar zu abhängigen Eigengründungen. Aber der General Nicolo von Perugia begleitete behutsam das Entstehen der ersten Konvente der Observanz in Norditalien.

Die Kongregation der Observanz im Servitenorden

Anfangs eine Bemerkung zu den verschiedenen Reformbewegungen in der Ordensgeschichte. Die erste von allen ist die Wiedergeburt von Monte Senario 1404, dann die Kongregation der italienischen Observanz von 1430–1570. Dann die Kongregation der Eremiten von Monte Senario, die zwei Jahrhunderte währte (1593–1778). Zuletzt die „Deutsche Observanz" von 1613–1909.

An der Gründung beider Reformbewegungen waren Mitbrüder von Monte Senario beteiligt. Um Verwechslungen zu vermeiden, unterscheidet man auch zwischen der lombardo-venetianischen (oder Observanz von Mantua) und der deutschen Obser-

Santa Maria di Monte Berico in Vicenza

54

vanz. Fr. Nicolo de Perugia hatte die längste Regierungszeit aller Generäle bis zum heutigen Tag: von 1427–1461. Der Beginn und die Expansion der Observanz ist unmittelbar mit seinem Generalat verknüpft. Der Reformgeist, der schon zur Wiedergeburt von Monte Senario geführt hatte, entfachte sich innerhalb der ersten drei Jahre seines Generalates im Orden. Jüngste Ordenshistoriker schreiben die Idee der Observanz direkt ihm zu. Über die Motive und Umstände, warum der General im Jahr 1430 Brüder nach Brescia sandte, um dort einen Konvent zu gründen, haben wir keine Information. Es ist möglich, dass ihre Ankunft die religiöse Erneuerung der Stadt beabsichtigte. In Brescia wurde das religiöse Leben merkbar laxer, nachdem Venedig die Stadt 1426 annektierte.

Im Juni 1430 jedenfalls sandte der General Brüder, um den Konvent St. Alexander zu übernehmen, dort lebte nur noch ein Augustiner Chorherr. Zwei Mitbrüder dieser Gründung in Brescia kennen wir: Fr. Francesco von Florenz und Fr. Antonio von Neapel. Es ist sicher, dass sie vom Monte Senario kamen. Brescia ist die erste Gründung der Observanz, gefolgt von Santa Maria di Monte Berico in Vicenza (1435) und San Cataldo in Cremona (1439). 1435 hatte der General bereits einen Generalvikar für die Observanz ernannt. Papst Eugen IV. erließ die Bulle „Viris sanctae religionis" am 27. Juni 1440, die die Reform bestätigte und weiteres Wachstum ermöglichte. In der Anfangsphase spielte Fr. Antonio von Neapel bis ca. 1450 eine führende Rolle. Die Bulle schrieb eine partikulare Exemption der „Brüder der regulären Observanz in Brescia, Monte Berico und Cremona" von allen Autoritäten mit Ausnahme des Generals fest. Er allein konnte die Gemeinschaften visitieren. Die Bulle erlaubte der Observanz, ihren eigenen Generalvikar zu wählen, der vom General bestätigt wurde. Der General konnte nicht ohne Zustimmung des Vikars und der Gemeinschaften Mitbrüder versetzen oder anderen Gemeinschaften zuweisen. Dies war eine Ausweitung der Exemption gegenüber der für Monte Senario von 1413, sie wurde 1436 vom Papst bestätigt.

In der Folgezeit bereiste der Kardinalprotektor des Ordens, Giuliano Cesarini, eine einflussreiche Figur beim Konzil von Florenz (1439–1442), die verschiedenen Gemeinschaften, um

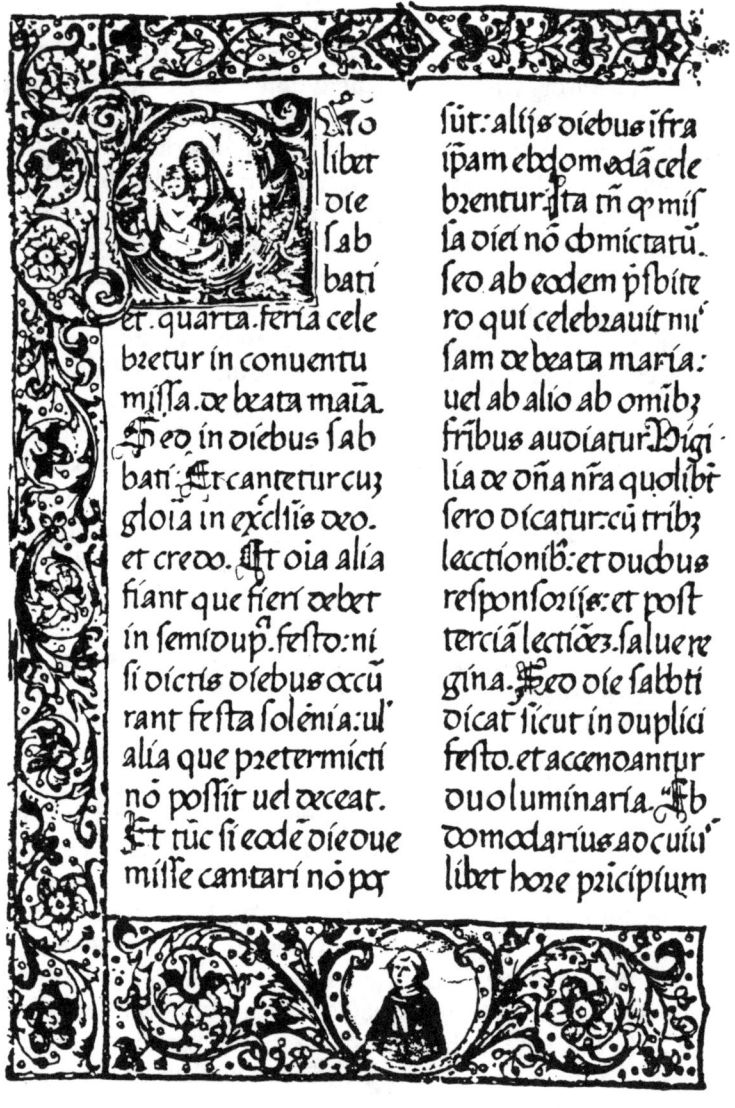

ſūt:alíjs oíebus íſra
ípam ebdomædã cele
bzentur.ſta m̄ q̄·miſ
ſa oíeí nó cõmíctatū.
ſeo ab eodem pſbíte
ro quí celebzauít mí
ſam œ beata maría:
uel ab alío ab omíbʒ
fríbus audíatur.Vígí
lía œ oña nr̄a quolíbt
ſero oícatur:cū tríbʒ
lecctioníb:et oudbus
reſponſozíjs:et poſt
tercíã lectices.ſalue re
gína.Seo oíe ſabbtí
oícat ſicut ín ouplící
feſto.et accendantur
ouo lumínaría.Eb
comodaríus ao cuíu
líbt hoze pzícípíum

To
líber
oíe
ſab
batí
et·quarta.fería cele
bzetur ín conuentu
míſſa.œ beata maíã.
Seo ín oíebus ſab
batí·Ercantetur cuʒ
gloía ín exclíís œo.
et creoo.Et oía alía
fíant que fíerí œbet
ín ſemíoup.feſto:ní
ſí oíctís oíebus occu
rant feſta ſolénía:ul
alía que pzetermíctí
nó poſſít uel œceat.
Et tūc ſí eodẽ oíe oue
míſſe cantarí nó pz

*Eine Seite des ersten Kapitels der Konstitutionen
in einer Ausgabe von 1493*

für die Observanz zu werben und die Einheit zu gewährleisten. Er hatte großen Einfluss auf Eugen IV. und erhielt von ihm einen Brief, datiert mit 10. August 1441, wonach der wichtigste Konvent des Ordens in Florenz der Observanz zu übergeben sei. Die Begründung war die Laxheit des Ordenslebens. Fr. Antonio von Neapel wurde dort Prior und Brüder, die seinen Kurs nicht teilten, wurden durch andere ersetzt. Die Observanz hielt möglicherweise 1441 in Florenz ihr erstes Generalkapitel, sicher aber in den beiden folgenden Jahren. Fr. Antonio wurde zum Generalvikar gewählt. 1442 wurde Monte Senario gegen die Wünsche der dortigen Gemeinschaft der Observanz angeschlossen. Nach dem Tod von Kardinal Cesarini (1444) und Eugens IV. wurde, durch städtische und kirchliche Hilfe, der SS. Annunciata erlaubt, in den regulären Orden zurückzukehren. Monte Senario hingegen musste bis 1473 auf seine Unabhängigkeit warten.

Das Hauptgebiet des Wachstums der Observanz lag nördlich des Apennin, in der Emilia-Romagna, in der Lombardei und im Veneto. Wichtige Konvente wurden zeitweise inkorporiert: 1463 Forlì, das die Reliquien des heiligen Peregrin barg, 1476, mit der Unterstützung des Dogen, S. Maria dei Servi in Venedig.

Die Observanz erreichte auch Rom, wo die Pfarrkirchen von San Nicola in Arcione (1461–1478) und Santa Maria in Via (1512) übernommen wurden. 1493 gehörten 26 Konvente zur Bewegung, 1506 über 50. Zur Zeit ihrer Aufhebung 1570 waren es über 60. Auch 15 Schwesternklöster gehörten zur Observanz.

Unter den heiligen Gestalten des Ordens im 15. Jahrhundert war die selige Elisabeth Picenardi (1428–1468), die in engem Kontakt mit St. Barnabas, einer Observanzkirche in Mantua, lebte. Außerdem der selige Bonaventura von Forlì († 1491), ein herausragender Bußprediger, der 1488 Generalvikar der Kongregation wurde.

Zu den Konstitutionen bemerkt D. Montagna: „Bis zum Konzil von Trient hielt sich die Observanz an die früheste Gesetzestradition des Ordens, die Constitutiones antiquae (1295–1304) und an einige im 14. Jahrhundert promulgierte Texte der Generalkapitel (Constitutiones novae). Die Texte wurden in der Fassung vom Anfang des 15. Jahrhunderts verwendet, sie wurden während des Generalates von Nicolo von Perugia (1427–

*Das Fresko der Mater Misericordiae aus der 2. Hälfte des
15. Jahrhunderts, 1964 in der SS. Annunciata in Florenz entdeckt*

1461) erstellt. Für Professfeiern, Kapitel- und Tischlesung wurden sie unverändert übernommen. Dominant waren die Constitutiones antiquae mit einigen Artikeln der Constitutiones novae
auch während der jährlichen Generalkapitel. Die erste Version,
die mit Modifikationen der Constitutiones antiquae erschien,
wurde 1516 in Venedig gedruckt.

Bei dieser Gesetzgebung von 1515/1516 erstellte die Observanz ihren vortridentinischen, legislativen Text weit früher als der übrige Orden, dazu in einer großen Anzahl von Kopien." In den letzten Jahrzehnten des 15. Jahrhunderts begann für die Kongregation der Observanz eine lange Krisenzeit, auf die um die Jahrhundertwende wieder eine Erneuerung folgte. Die Opposition zwischen Orden und Observanz wuchs, als der Orden in Gestalt einer „primitiven Observanz" Konvente gründete, die ebenfalls ein eremitisches und beschauliches Leben versuchten. Der Gegensatz wurde immer größer und bildete die Basis für die Wiedervereinigung 1570.

Zumindest in den ersten Jahrzehnten erinnerte die Observanz den Orden an seine Ursprünge. Für einen von einer Gruppe gegründeten Orden war die Einheit der Strukturen immer wichtig. Im Gegensatz zu anderen Orden, wo sich die Observanz-Bewegungen verselbständigten und zu eigenen Orden wurden, blieb die Observanz immer im Orden. Ein bildlicher Ausdruck dafür ist das 1964 in der SS. Annunciata entdeckte Fresko Mater Misericordiae.

Es wurde in der 2. Hälfte des 15. Jahrhunderts gemalt und zeigt die seligste Jungfrau, wie sie zwei Gruppen von Brüdern unter ihrem Schutzmantel birgt, sieben an der rechten und sechs an der linken Seite. Die zwei Gruppen stellen die „Konventualen" dar, die ihren Ursprung auf die Sieben Gründer zurückführen, und andererseits die „Observanten", die, nach Fr. Paolo Attavanti, einem Ordenshistoriker aus Florenz, aus ursprünglich sechs Brüdern bestanden haben sollen.

Das Leben des Ordens um die Mitte des 15. Jahrhunderts

Nach dem langen Generalat von Nicolo von Perugia (34 Jahre) gibt es noch ein anderes langes. Das Generalkapitel von Treviso 1461 mit 400 Kapitularen wählte Fr. Cristoforo von Giustinopoli zum General und er regierte bis 1485. Er wurde sowohl vom Orden, als auch der Observanz respektiert. Sein Name ist mit einer Serie von Reformen, die von den Generalkapiteln 1461 und 1473 initiiert wurden, verknüpft. Der Orden weitete sich noch mehr aus und trat bewusst auf die Bühne der Kultur und der Großkirche. Mit seinem Vorgänger zusammen waren beide fast

60 Jahre im Amt. Dies ergab eine große Kontinuität, die dem Leben des Ordens nur diente. Eine Frucht war das rapide Wachsen der Schwesterngemeinschaften, die Heiligkeit der Brüder und ihre Teilnahme an kirchlichen Angelegenheiten und an der Welt der Kultur.

Weder die frühesten Lebensbeschreibungen von Servitenheiligen noch die ältesten Listen der Ordensheiligen und -seligen schenken Frauen, die mit unseren Kirchen und Konventen verbunden waren, angemessene Aufmerksamkeit. Erst in der Mitte des 15. Jahrhunderts, kurz nach der Bulle Martins V., der 1424 die Organisation des III. Ordens erlaubte, erscheinen Namen heiligmäßiger Frauen. Genannt sind Johanna von Cremona, Elisabeth Picenardi von Mantua, Maria von Genua, Elisabeth Recordati von Mantua, Bionda von Verucchio.

Auch die Konvente der Klausurschwestern von S. Maria delle Povere in Perugia, S. Catarina in Portaria, S. Eufemia in Rimini, S. Maria delle Grazie in S. Angelo in Vado, S. Concordio in

Der sel. Johannes Angelus Porro

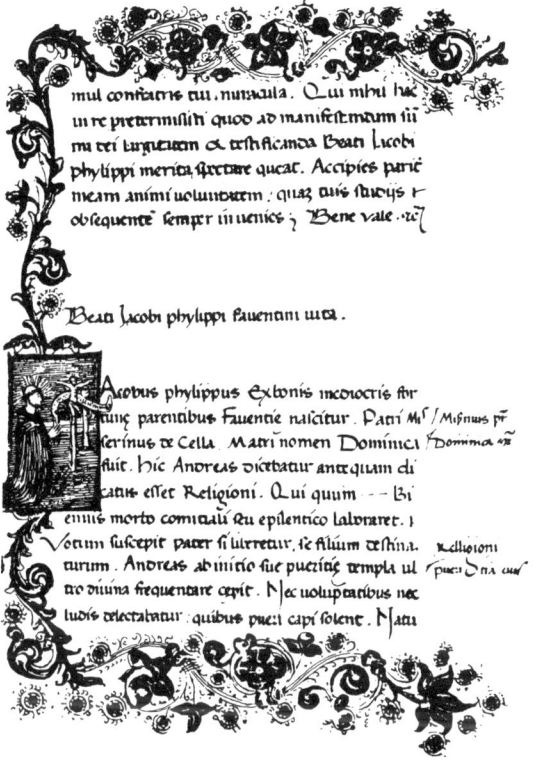

Spoleto, S. Maria della Pace in Brescia und S. Maria della Misericordia in Mantua stammen aus dieser Zeit. Aufmerksamkeit muss auch einer eigenen Regel für Frauen in der venetianischen Region geschenkt werden, die uns der berühmte Servitentheologe und Prediger Fr. Ambrosio Spiera von Treviso († 1455) überliefert hat.

Als heiligmäßige Gestalten aus dem 15. Jahrhundert feiert der Orden eine Reihe Seliger: Johannes Benincasa von Montepulciano, der 1426 starb; die selige Elisabeth Picenardi von Mantua, gestorben 1468; Jakob Philipp Bertoni von Faenza, der 1483 schon im Alter von 29 Jahren starb. Dann Bonaventura von Forlì, gestorben 1491, und der selige Johannes Angelus Porro, der 1505 starb.

Elisabeth Picenardi teilte unser Charisma zuhause, der selige Jakob Philipp im Priorat oder in der Einsiedelei.

1483, als der selige Bonaventura von Forlì Prior in San Marcello war, erhielt er von Sixtus IV. die Erlaubnis, mit sechs Gefährten außerhalb eines Priorats ein Leben der Einsamkeit unter der direkten Jurisdiktion des Generals zu führen. Dieses Leben hielt sie nicht von der Amtsführung oder einem aktiven Apostolat ab. Ähnlich lebte auch der selige Johannes Angelus Porro, der am Beginn des 16. Jahrhunderts starb und der durch seine apostolischen Pioniertaten in Mailand herausragte, speziell auf dem Gebiet der Kinderkatechese. Er organisierte und leitete eine rigorose Lebensform auf dem Monte Senario und lebte eine Zeit als Einsiedler im Chiantital, einer Eremitage, die zu dieser Zeit gegründet worden war. So versuchte er eine innere Ordensreform, ohne zur Observanz überzutreten.

Der selige Jeromio Ranuzzi aus St. Angelo in Vado war Priester mit einem Bakkalaureat. Er war Vikar der römischen Provinz, des Patrimoniums von St. Peter und der Gründer von Klausurschwestern, zuerst Tertiarinnen, woraus die Klausurschwestern von St. Angelo in Vado entstanden. Friedrich III., Herzog von Urbino, ernannte ihn zu einem seiner Berater.

Die selige Elisabeth starb am 19. Februar 1468, noch nicht 40 Jahre alt. Die Hälfte ihres kurzen Lebens verbrachte sie zuhause, bekleidet mit dem Habit der „Mantellatinnen". Nach dem Tode ihrer Eltern lebte sie die letzten drei Jahre im Hause ihrer Schwester, die in eine wohlhabende Mantuaner Familie eingeheiratet hatte. Sie betete in der benachbarten Kirche St. Barnabas, wo sie täglich beichtete und die Kommunion empfing. Auch rezitierte sie mit den Brüdern das Chorgebet. Zudem trug sie den Bußgürtel. Ihr Vater war ein Adeliger aus Cremona im Dienste der Gonzagas. Elizabeth war eine Mantellatin, eine regulierte Tertiarin, die in der Welt lebte. Neben den verschiedenen heiligen Serviten, die kirchliche Anerkennung fanden, könnten noch viele andere heiligmäßige Männer und Frauen genannt werden. Die Tradition der 64 Serviten-Märtyrer in Prag 1420 ist ohne zureichende historische Grundlage.

Die Beteiligung einer Reihe von Brüdern am kirchlichen und gesellschaftlichen Leben des 15. Jahrhunderts ist durch eine

Reihe von Bischofsernennungen belegt. In Italien: Fr. Alberto Boncristiani von Florenz, Bischof von Forlì (1413) und Comacchio (1418), Fr. Matteo und Mariano von Florenz, beide Bischof von Cortona (1426 und 1455), und Fr. Deodato von Genua, Bischof von Ajaccio auf Korsika (1457).

Interessant ist auch die Ernennung von Serviten im Fernen und Nahen Osten, wo der Orden keine Gemeinschaften besaß. In der 2. Hälfte des 14. Jahrhunderts wurden drei Serviten zu Bischöfen ernannt: in Cardica in Griechenland, in Sebaste in Armenien und in Zaitum, einem Suffraganbistum von Peking. Im 15. Jahrhundert: Fr. Gioacchino Torcelli von Genua, Bischof von Famagusta auf Zypern, Fr. Stefano Birello, Erzbischof von Durazza in Albanien (1458) und Fr. Francesco von Siena, Erzbischof von Dubrovnik in Kroatien (1460).

In dieser Zeit waren einige Servitenkirchen auch Pfarren. Als Prediger waren die Serviten aktiv in ihren eigenen Kirchen und auch in Städten, wo keine Konvente waren. Auch folgte der Orden anderen Instituten in die Mission, freilich etwas später.

Nur wenige Studien untersuchen das Engagement des Ordens in Politik und Kultur. Der Orden war in allen wichtigen Städten Italiens vertreten und einige Konvente hatten ein hohes kulturelles Niveau. Im 15. Jahrhundert lagen Italiens wichtigste Studienzentren in Florenz, Bologna, Padua, Pisa, Rom und Neapel. Die SS. Annunciata in Florenz oder Maria dei Servi di Bologna wurden bedeutende Studienzentren innerhalb des Ordens mit Universitätsniveau. Viele Professoren wurden auch außerhalb des Ordens bekannt. Die eigentliche Blüte erreichten die Studienzentren erst im 16. Jahrhundert oder später. Unmittelbar nach Erfindung des Buchdruckes wurden auch bereits viele Bücher von Serviten als Autoren gedruckt. Fr. Paolo Attavanti aus Florenz brachte es auf 12 Ausgaben sieben verschiedener Bücher. Das Quadragesimale von Fr. Ambrosius Spiera von Treviso, 1476, war die erste Inkunabel des Ordens, 1481 und 1485 neu herausgegeben.

Fr. Antonio Alabanti von Bologna, der 1485 Fr. Cristoforo von Giustinopoli als General nachfolgte, war ebenfalls eine herausragende Gestalt in der Welt der Kultur. Pico della Mirandola (1463–1495) hätte 1486 in Rom eine große Disputation über

900 Thesen organisieren sollen. Doch Innozenz VIII. verhinderte diese und setzte eine 16-köpfige Untersuchungskommission ein. Eines ihrer Mitglieder war General Alabanti. Die Kommission beendete ihre Arbeit am 13. März 1487. Einige, auch Alabanti, wollten diesen berühmten Humanisten nicht verurteilen.

Das Generalat von Fr. Antonio Alabanti (1485–1495) und die päpstliche Bulle „Mare Magnum" von 1487

Das Generalat von Fr. Antonio Alabanti wirkte sich auf allen Ebenen des Ordens positiv aus. Kurz nach der Wahl ging er daran, eine der Entscheidungen des Generalkapitels von 1485, das am Sitz des Kardinalprotektors in Vetralla abgehalten worden war, in die Tat umzusetzen. Die Brüder, die aus verschiedensten Gründen außerhalb des Klosters lebten, zu motivieren, in die Konvente zurückzukehren. Dafür gewann Fr. Antonio erfahrene Mitbrüder wie Paolo Attavanti, einen gut bekannten Prediger und Autor, den seligen Bonaventura von Forli, und den seligen Johannes Angelus Porro von Mailand.

Überdies wollte er den Orden über die Grenzen Italiens hinaus ausdehnen. Er stellte Erkundigungen über die während des westlichen Schismas in Frankreich und Spanien verlorenen Konvente an, aber ohne Erfolg.

1486 entschied der General, persönlich zu allen Provinzkapiteln zu gehen. Auch wollte er ein jährliches Generalkapitel der Observanz in Brescia, was aber abgelehnt wurde. Dies vergrößerte die Spannungen zwischen den „Observanten" und den „Konventualen". Als erster General seit Philipps Reise dorthin besuchte er die Konvente in Deutschland. So führte er 1486 beim Provinzkapitel in Deutschland den Vorsitz, bei dem strenge

Handschrift des sel. Johannes Angelus Porro von Mailand

Dekrete der Reform des Ordenslebens verabschiedet wurden. Bevor er nach Italien zurückkehrte, erhob er drei Konvente zu einer Art „Observanz" und stellte sie unter die Jurisdiktion eines eigenen Generalvikars in Deutschland.

Unter den Archivalien von Alabanti befindet sich auch die Bulle Innozenz' VIII. „Mare magnum omnium privilegiorum" vom 27. Mai 1487. Es handelt sich hierbei um alle bis zu diesem Zeitpunkt von Päpsten dem Orden gewährte Privilegien. Diese Bulle beinhaltet auch das Dekret Martins V. von 1424 bezüglich der Errichtung des III. Ordens und seine Regel.

F·ANTONIVS ALABANTVS JVNIOR BONO·NIENSIS O·S·M· GEN·XXII·A·MCCCCLXXXI

Fr. Antonio Alabanti

Am Ende dieser intensiven Dreijahresperiode wurde 1488 das Generalkapitel in Bologna gehalten. Dies war das berühmteste, was die Größe des Ordens in seiner Geschichte betrifft. Über 900 Mitbrüder nahmen teil, dazu über 100 Tertiarschwestern aus verschiedenen italienischen Städten. Lokale Chronisten berichteten über das Ereignis. Gaspare Nadis bolognesisches Tagebuch berichtet von 1302 Mitbrüdern. Es gab Prozessionen durch die Straßen der Stadt, Lieder, Musik, Disputationes und Gespräche. Auch der Generalvikar der Observanz, der selige Bonaventura von Forlì, nahm teil.

Eine der signifikantesten Kapitelentscheidungen war die Wiedereröffnung des Heiligsprechungsprozesses von Philippus Benitius. Die neue Ordensprovinz von Genua wurde errichtet, die die Regionen Piemont und Ligurien umfasste. Der gesamte Orden unternahm die Anstrengung, auf die iberische Halbinsel zurückzukehren und auch Bücher von servitanischen Autoren zu verlegen wie die Predigten von Fr. Ambrosius M. Spiera und Fr. Paolo M. Attavanti.

Das nächste Generalkapitel wurde 1491 in Verona gehalten. Das erste, von dem die Kapitelakten in Tagesprotokollen erhalten sind. Wie Davide M. Montagna feststellt, waren die Kapitel von 1488 und 1491 zwei außerordentliche Ereignisse, organisiert von Alabanti.

Hernach, bedingt durch die Invasion von Karl VIII. in Italien und die im folgenden Jahrhundert unsichere politische Lage, wurden die Generalkapitel einer grundlegenden Reform entsprechend der Bulle Innozenz' VIII. vom April 1491 unterzogen.

In dieser Bulle, in der Clemens' VI. Bulle „Regimini universalis ecclesiae" von 1346 zitiert wird, wird die Teilnahme an

Um 1500 bestand die Deutsche Provinz aus 18 Konventen, 16 im heutigen Deutschland, einem in der Schweiz und einem in Tschechien

66

General- und Provinzkapiteln auf „Kapitulare" beschränkt. Dies sind die Oberen, auch die lokalen und die Repräsentanten der Konvente („discreti") wie auch Professoren der Theologie im Orden. So nahmen am Generalkapitel 1494 in Verona nur noch 300 Mitbrüder teil. Vom Juni 1494 bis Ende 1495 scheint Alabanti Bologna, das nicht in die politischen Konflikte verwickelt war, nicht mehr verlassen zu haben. Als ein Freund der Medici in Florenz war er sehr verbunden mit Piero, dem Sohn Lorenzos, der seinem Vater 1492 folgte. 1494 wurden die Medici aus Florenz vertrieben. Auch Alabanti floh nach Bologna, er soll auch die beiden Kinder Pieros, Lorenzo und Clarice, gerettet haben.

Durch diese Involvenz wurde das Priorat von Bologna ein Treffpunkt für politische Diskussion auf dem höchsten Niveau. Alabanti war auch ein Informant von Ludovico il Moro, Herzog von Mailand, mit dem er in direktem Kontakt stand. Im Dezember 1495 verließ er Bologna mit einer unbekannten Bestimmung und aus nicht klar ersichtlichem Grund. Am 8. Dezember verstarb er unerwartet in Vigevano nahe Mailand, wo auch Ludovico war. Die Geschichte, wonach er von Feinden der Medici vergiftet wurde, entbehrt allerdings jeder Grundlage.

Fr. Arcangelo Giani, ein Geschichtsschreiber am Beginn des 17. Jahrhunderts, berichtet, dass Alabanti ernsthaft erwogen hätte, Mitbrüder für die Evangelisation der neuen Welt auszusenden, die 1492 von Christoph Kolumbus entdeckt worden war.

Der Orden am Ende des 15. Jahrhunderts
Nach den Akten der Generalkapitel 1491 und 1494 hatte der Orden nachstehend genannte geografische Ausbreitung.

Die folgenden sechs Provinzen werden immer genannt: Toskana, Patrimonium von St. Peter (Rom), Romagna, Lombardei (Mailand), Genua, 1488 errichtet, in die man 12, teils sehr alte Konvente von der Lombardei übernahm, Treviso (Vorläufer von Venedig). An 7. Stelle fand sich die 1482 errichtete Provinz von Istrien. Das Generalkapitel von 1494 nennt die Deutsche Provinz an 8. Stelle. Um 1500 bestand sie aus 18 Konventen, 16 im heutigen Deutschland, einem in der Schweiz und einem in Tschechien mit ca. 250 Mitbrüdern. Es war die größte Gründung außerhalb von Italien. Beim Generalkapitel 1491 neu genannt wurde die Provinz Ancona, die entweder 1490 oder 1491 errichtet worden sein muss. Sie umfasste neben neuen auch ehemalige Konvente der römischen Provinz.

Die Kenntnisse über Spanien, Griechenland, Neapel und Korsika sind weniger klar. Aufgrund der geringen Anzahl von Mitbrüdern in diesen Regionen, diente der Name Provinz wohl mehr dazu, Neugründungen anzuregen, als er bestehende Realitäten bezeichnete. Einen weiteren Fortschritt scheint die Observanz um die Jahrhundertwende gemacht zu haben. 1493 umfasste sie 26 Konvente, in einer offiziellen Liste um 1506 werden über 50 Priorate aufgeführt.

Wir wissen nicht genau, wieviele Konvente der Orden zu dieser Zeit zählte. 1495 waren es circa 170 Konvente mit ungefähr 1200 Mitbrüdern.

Das Ende des Generalates von Alabanti war auch das Ende einer harmonischen Epoche in der Ordensgeschichte.

Die folgenden Jahrzehnte eröffnen eine neue Phase mit sehr unterschiedlichen Charakteristika.

DAS JAHRHUNDERT IM ÜBERBLICK

1404	beschloss das Generalkapitel von Ferrara die materielle und geistliche Restaurierung von Monte Senario.
1410–1424	ist Fr. Stefano von Sansepolcro General.
1413	erlässt das Generalkapitel von Pisa spezielle Statuten für Monte Senario.
1414–1418	der Orden nimmt erstmals an einem Konzil der Kirche teil, indem er durch den General am Konzil von Konstanz vertreten ist.
1417	endet das westliche Schisma mit der Wahl Martins V.
1424	wird die Regel des III. Ordens durch die Bulle Martins V. „Sedis apostolicae providentia" bestätigt.
1426	stirbt der selige Benincasa von Montepulciano.
1427–1461	ist Fr. Niccolò von Perugia General.
1430	sendet er eine Gruppe von Mitbrüdern für eine Gründung in Brescia aus. Dies war der Ursprung der Observanz, deren erste Konvente Brescia (1430), Monte Berico in Vicenza (1435) und Cremona (1439) waren.
1440	wird die Kongregation der Observanz durch Eugen IV. Bulle „Viris sanctae religionis" approbiert.
1441–1447	auch der Konvent der SS. Annunciata ist Mitglied der Observanz.
1442–1473	gehört auch Monte Senario zur Observanz. Zwischen 1453 und 1462 wurde in St. Angelo in Vado das älteste Kloster der Klausurschwestern gegründet, das noch heute besteht.
1461–1485	Fr. Cristoforo von Giustinopoli ist General.
1468	stirbt die selige Elisabeth Picenardi.
1476	werden die Fastenpredigten von Fr. Ambrosius M. Spiera als erstes Buch im Orden verlegt.
1479	wird der erste Konvent Centuri auf Korsika gegründet.

1480	erfolgt in Sieti die erste Gründung in der Provinz Neapel.
1483	stirbt der selige Jakob Philipp Bertoni von Faenza. Im selben Jahr erfolgt die erste Gründung der nachmaligen Provinz der Provence in Moustiers-Sainte-Marie.
1485–1495	Fr. Antonio Alabanti ist General.
1487	ergeht die päpstliche Bulle „Mare Magnum".
1488	wird das größte Generalkapitel der Ordensgeschichte in Bologna gefeiert, das auch die Provinz von Genua errichtet.
1489	wird in Sagunto in Spanien das erste Klausurkloster gegründet.
1491	stirbt der selige Bonaventura von Forlì in Udine.
1497	wird der Konvent Las Curvas in Spanien errichtet.

4. Kapitel

DAS 16. JAHRHUNDERT

Vom seligen Johannes Angelus Porro bis Angelo Maria Montorsoli

Ein komplexes und bewegtes Jahrhundert
Die Ordensgeschichte des 16. Jahrhunderts innerhalb einer Jahrhundertgrenze zu erfassen ist schwerer als dies für andere Jahrhunderte der Fall ist. Die Schwierigkeit resultiert aus der Fülle von Ereignissen, die das Leben des Ordens im 16. Jahrhundert beeinflussten und von anderen Daten als Referenzpunkten (die Reformation 1517, das Generalat von Fr. Agostino Bonucci 1542–1553, das Konzil von Trient 1545–1563, das Ende der Observanz 1570, die Wiedererrichtung der Eremiten von Monte Senario 1593, die Vorgänge um Paolo Sarpi 1552–1623). Es ist auf dem gebotenen Raum kaum möglich, alle Aspekte servitanischen Lebens in dieser Zeit zu beschreiben. Im Orden spiegelten sich die Vorgänge der gesamten Kirche.

Während im 15. Jahrhundert der Orden von sechs Generälen geleitet wurde, hatte der Orden vom Tod Alabantis (1495) bis zu dem Angelo Maria Montorsolis (1600) 20 Generäle, wobei mehr als die Hälfte vom Papst ernannt wurden. In den ersten Dekaden entfremdete sich die ohnehin schon am absteigenden Ast befindliche Observanz immer mehr vom übrigen Orden. Gegen Ende des Jahrhunderts waren die Serviten wieder vereinigt.

Auch begann im 16. Jahrhundert die offizielle Ordensgeschichtsschreibung durch Brüder wie Giacomo Filippo genannt Androfilo, Filippo Maria Sgamaita von Bologna, Cosimo Favilla, Filippo Albrizzi, Raffaello Maffei, Ippolito Massarini und vor allem dem Chronicon von Michele Poccianti, das die Ordensgeschichtsschreibung über Jahrhunderte beeinflusste. Poccianti folgte Arcangelo Giani, dem ersten Annalisten des Ordens.

Es gibt Detailstudien über die Generäle, die Autoren der Dekrete, die Theologen auf dem Konzil von Trient und die Kongregation der Eremiten von Monte Senario.

Die religiöse Situation am Beginn des 16. Jahrhunderts

Oft wird gesagt, dass die religiöse Geschichte des 16. Jahrhunderts in Italien mit der Verbrennung von Girolamo Savonarola am 23. Mai 1498 in Florenz beginnt. Der herausragende Dominikaner, den Philipp Neri für einen Heiligen hielt, war nicht das letzte Opfer des Mittelalters. Roberto Ridolfi sagt über ihn: „Wenn seine Stimme gehört worden wäre, hätte Luther weder den durchschlagenden Erfolg, noch die Anhängerschaft gehabt. Die notwendige Reform wäre dann aus der Kirche selbst gekommen."

Der Veränderungswille in der Kirche fand keinen einheitlichen Ausdruck. Politische Interessen bestimmten das Papsttum. Korruption kirchlicher Institutionen erschütterte die Glaubwürdigkeit. Die Päpste Alexander VI. (1492–1503), Julius II. (1503–1513) und Leo X. (1513–1521) waren alles andere als Hirten und ihre Feinde wurden oft vorschnell zu Glaubensfeinden erklärt.

Während die Dominikanergemeinschaft von San Marco in Florenz einen Reformkurs beschritt, waren die Dominikaner von Santa Maria Novella Gegner Savonarolas. Wenn man sonst Konflikte nicht lösen konnte, half oft Gift. Die Geschichte der Serviten reflektiert diese Situation. So gibt es auch eine Tradition, dass General Antonio Alabanti 1495 vergiftet worden sei, weil er zu den Medici gehalten hatte. 1503 wurde der Kardinalprotektor unseres Ordens, Giovanni Michiel, vergiftet, sein Grab befindet sich in San Marcello. Luther selbst war Augustiner-Eremit und der beste Beweis, dass der Reformanstoß nicht von außerhalb, sondern von innerhalb der Kirche kam.

Der endlose Widerstand Pauls III., ein Konzil einzuberufen, lag nicht an der Ineffizienz des IV. Lateranums (1512–1517), sondern an seiner Unfähigkeit, die Zeichen der Zeit zu deuten.

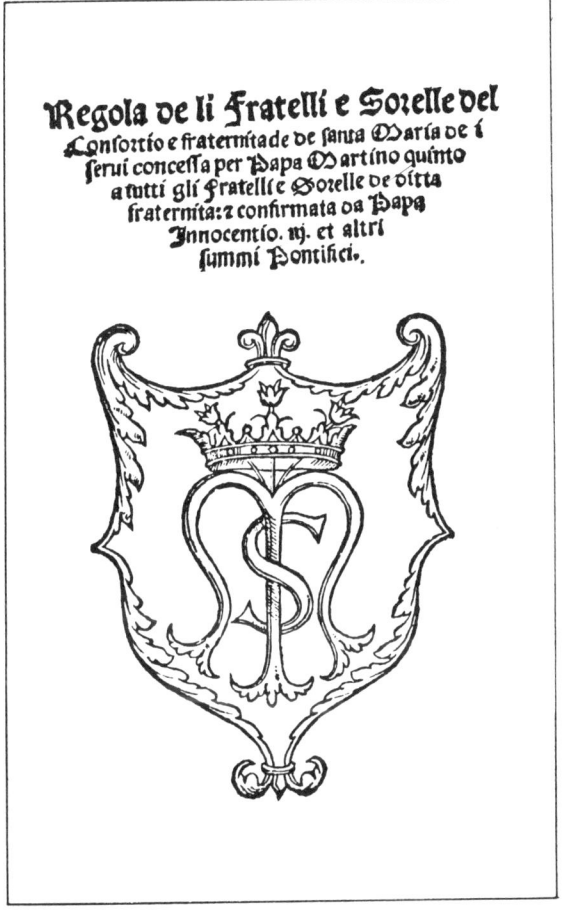

Die Diener Mariens vom Tode des seligen Johannes Angelus Porro bis zum Tridentinum

Fr. Antonio Alabanti starb im Dezember 1495 in Vigevano und wenige Monate später, am 18. März 1496, ernannte Alexander VI. Fr. Andrea von Perugia zum apostolischen Generalvikar. Das Generalkapitel 1497 wählte ihn zum General. Von diesem Datum bis 1542, als Agostino Bonucci gewählt wurde, den Orden zu leiten, wurde kein General von einem Generalkapitel frei gewählt. Die sieben Generäle, die in dieser Zeit das höchste Amt im

73

Orden innehatten, wurden allesamt vom Heiligen Stuhl als apostolische Generalvikare eingesetzt, bevor das Generalkapitel zusammengerufen wurde. Es waren die Fratres Andreas von Perugia, Taddeo Tancredi von Bologna, Ciriaco von Foligno, Clemente von Mantua, Girolamo Foschi von Faenza, Angelo von Arezzo, Girolamo Amidei von Lucca und Dionisio Laurerio von Benevent.

Während dieser Zeit verdienen folgende Ereignisse und Personen Aufmerksamkeit: die letzten Jahre des seligen Johannes Angelus; die schwachen Anstrengungen zur Erneuerung der Observanz; ab 1533 die materielle und spirituelle Wiederbelebung von Monte Senario; Person und Werk von Fr. Dionisio Laurerio, General und Kardinal.

Der selige Johannes Angelus Porro starb 1505 in Mailand, wo er seine letzten Lebensjahre verbrachte. Es scheint, dass der Selige zuletzt im Konvent Croara in der Nähe von Piacenza gelebt hat. Vorher war er in Florenz, in der Eremitage von Chianti, auf dem Monte Senario. In Mailand versuchte er eine Reform des Ordenslebens und der Gemeinschaften ganz im Sinne von Alabanti zu initiieren, einen eigenen Weg jenseits der Observanz. Dieser Versuch nahm unter General Taddeo Tancredi konkrete Gestalt an, der diesen Versuch 1506 als „Söhne der Observanz des Generalpriors" approbierte. Der neue Zweig der Observanz stand ganz zum Orden, hatte aber wenig Erfolg, nicht zuletzt deshalb, weil die Generäle in dieser Zeit nicht gewählt, sondern vom Heiligen Stuhl ernannt wurden. Nicht nur diese Initiativen, sondern auch die Kinderkatechesen des seligen Johannes hinterließen in Mailand bleibende Spuren.

Die Bestärkung seines Rufes der Heiligkeit fand man in der sofort einsetzenden Verehrung in unserer Kirche S. Carlo in Mailand, wo er auch beigesetzt ist. Ein Ereignis während des Generalates von Fr. Girolamo Amidei von Lucca (1523–1535) soll nicht unerwähnt bleiben. Schon vorher hielt er sich eine Zeit in Deutschland auf, wo er als entschiedener Gegner der lutherischen Lehre bekannt wurde.

Während des Generalkapitels 1533 in Siena gab er den Kapitularen eine bewegte Darstellung der kritischen Situation von Monte Senario mit dem Appell, etwas zu unternehmen bevor es zu spät ist. Der Konvent wurde kurz zuvor von einem Erdbeben teilweise zerstört, die Disziplin hatte aus verschiedenen Gründen nachgelassen, nachdem sich die Gemeinschaft von der Observanz 1473 abgekoppelt hatte. Der lateinisch geschriebene Appell des Generals ist uns erhalten. Einige Passagen scheinen darauf hinzuweisen, dass der Niedergang nicht nur den Monte Senario, sondern den ganzen Orden betraf.

Fr. Girolamo erinnerte zuerst daran, dass der Orden auf dem Monte Senario seinen Ursprung hat und viele Heilige hier gelebt haben, um dann mit Bitternis festzustellen: „Für einige Zeit, durch eigene Fehler, sehen wir den Senario tödlich verwundet und seine Gründungen fast zerstört. Mit Tränen stellen wir fest, dass die Krone vom Haupt gefallen ist." Für die Renovierung sah der General zwei Hindernisse: das Fehlen von Ressourcen und die extremen Spaltungen im Orden. Jede Gemeinschaft denkt nur an sich und ist wenig offen für die anderen. Um dann fortzusetzen: „Kann sich jemand vorstellen, dass Monte Senario nicht zu uns gehört? Wenn nicht, würden wir unseren Ursprung auf dem Monte Senario verneinen. Im Gegenteil, wie viele Wiedergeburten des Ordens gingen von dort aus? Wer hat den Mut, zu verneinen, dass Monte Senario das gemeinsame Haus von uns allen ist, die ein Ordensleben der Einsamkeit, des Gebetes und der Heiligkeit leben? Ich glaube, dass keiner anders denkt als ich in meiner Ansprache. Andererseits glaube ich, dass ein solcher Andersdenkender, der nicht meiner Meinung ist, nicht zu unserer Familie gehört."

Die Einladung wurde nicht akzeptiert und Monte Senario blieb für fast 60 Jahre verwahrlost.

Der letzte, direkt vom Papst ernannte General dieser Epoche war Fr. Dionisio Laurerio, geboren in Süditalien. Sehr jung in den Orden eingetreten, entwickelte er sich bald zu einem hervorragenden Theologen. 1530 wählte ihn Heinrich VIII. von England zu seinem Vertreter bei der römischen Kurie. Er war ein enger Freund Pauls III., der ihn nicht nur 1535 zum General, sondern 1539 zum Kardinal ernannte, im folgenden Jahr zum Bischof von Urbino. Der Papst übertrug ihm viele Aufgaben, die ihn oft von der Leitung des Ordens abhielten. Er war schon General, als er zum Visitator und Reformator der Observanz ernannt wurde.

Der selige Cedonio von Monza oder Bologna

Dieses Bemühen zeitigte wenig Frucht. Als Kardinal übertrug er die Leitung des Ordens an Generalvikare. Laurerio starb mit 45 Jahren, kurz nachdem das Generalkapitel Agostino Bonucci zum General gewählt hatte.

Einige interessante Persönlichkeiten des frühen 16. Jahrhunderts sollten gewürdigt werden:

Der selige Cedonio von Monza oder Bologna, um 1420 in Monza geboren, wohnte lange in Bologna, kann als „Heiliger Alexius" des 16. Jahrhunderts bezeichnet werden. Wir wissen wenig von ihm, aber zeit seines Lebens war er berühmt für seine Einfachheit, Armut und Verfügbarkeit für alle, die ihn brauchten. Für viele Jahre wohnte er in einer Zelle in der Nähe des Glockenturms der Servitenkirche in Bologna. Über hundert Jahre alt, starb er 1526 und wurde gleich in die Listen der Ordensseligen aufgenommen.

Fr. Girolamo Foschi (1445–1532) war unkonventionell. In seiner Autobiografie heißt es: „Er reiste in Asien, Afrika und Europa, erreichte auch die Antillen, predigte in der ganzen Welt das Wort Gottes in Hebräisch, Griechisch, Latein, Französisch, Spanisch, Portugiesisch und Deutsch." Berühmt und von Julius II. geschätzt, wurde er 1511 zum Generalvikar mit der sicheren Aussicht, General zu werden, ernannt. Als enger Freund von Kardinalprotektor Bernardino Carvajal war er am Konzil von Pisa-Mailand, war Anhänger der Konziliaristischen Bewegung, die ein Konzil über den Papst stellt.

Unmittelbar danach setzte ihn der Papst als Generalvikar ab und Fr. Girolamo Foschi wäre gefangen genommen worden, hätte er nicht sofort das Land verlassen.

Er bereute seine Rebellion und der folgende Papst verzieh ihm. Er beendete sein Leben im Schatten der Einsamkeit des Konventes von Pietralunga nahe Faenza, den er selbst 1507 gegründet hatte. Noch vor seinem Tod übertrug ihm der General wichtige Aufgaben.

Der selige Peter vom Kreuz

77

Die erste Ausgabe der Ordensannalen von Fr. Arcangelo Giani 1622 spricht von einer seligen Luzia, Gründerin des Klausurklosters von Bagolino nahe Brescia, die 1524 starb. Diese heilige Schwester wurde schon wenige Jahre nach ihrem Tod in die Liste der Seligen aufgenommen. An sie soll erinnert werden, weil wir vor dem Konzil von Trient wenig Material über die Klausurschwestern besitzen. Das Klausurkloster Bagolino befand sich auf dem Grund des Observanzkonventes von Brescia und verdankt sich Generalvikar Fr. Deodato Capirola von Brescia. Der Konvent erneuerte sich wiederholt im Geiste seiner Gründerin.

Der selige Peter vom Kreuz, Eremit aus Deutschland, erkrankte während einer Pilgerreise nach Rom in Viterbo an einer Infektion. Währenddessen erbat und erhielt er unser Ordenskleid. Er starb 1522 im Alter von 36 Jahren. Seine Reliquien wurden in der Kirche S. Maria della Verita in Viterbo bis zur Zerstörung der Kirche am Ende des 19. Jahrhunderts verehrt, dann im Klausurkloster S. Maria della Pace, 1502 gegründet, 1911 aufgehoben. Sein heiligmäßiges Leben bestätigt das Chronicon von Poccianti 1567. Unser Ordensarchiv enthält auch einen Brief Karls V. an Peter vom Kreuz.

Das Generalat von Agostino Bonucci (1542–1553)

Zusammen mit Fr. Angelo M. Montorsoli und Fr. Lorenzo Mazzocchio ist Fr. Agostino Bonucci eine der bemerkenswertesten Gestalten des 16. Jahrhunderts, General und Repräsentant der Bettelorden beim Konzil von Trient. Innerhalb des Ordens entwickelt er ein behutsames und sicheres Erneuerungsprogramm.

Auch Fr. Agostino von Arezzo genannt, wurde er nahe Monte San Saviano in einer Familie geboren, die mit Julius III. (1550–1555) befreundet war. Zu Fr. Stefano Bonucci aus derselben Stadt, der sein engster Mitarbeiter und später selbst General wurde (1570–1573), besteht keine Beziehung. Er wurde Bischof und Kardinal und sein Name ist für immer verbunden mit dem Ende der Observanz 1570. 1542, am Kapitel von Faenza, wurde Fr. Agostino Bonucci zum General gewählt. Erstmals konnten die Brüder den General wieder selbst wählen.

CONSTITV-
TIONES FRATRVM SAN-
CTAE MARIAE SERVORVM
EDITAE IN COMITIIS
GENERALIBVS BVTRII ANNO
DOMINI M. D. XLVIII. DIE
XXIII APRILIS.

Aber wie so oft, wenn wieder Freiheit herrscht, weiß man nicht recht damit umzugehen. In Faenza gingen die Vertreter der Observanz bei Bonucci auf Opposition und bekämpften seine Wahl. Ja, es wurde sogar eine Spaltung zwischen Orden und Observanz riskiert. In dieser Krise demonstrierte Bonucci seine Leitungskompetenz, löste mit Stärke und Geduld diesen Konflikt und stellte die Harmonie mit der Observanz wieder her. Auch in die Arbeiten des Tridentinums involviert, war er orthodox, ein guter Kenner der katholischen und lutherischen Position und arbeitete gut für die Erneuerung des Ordens. Er war unnachgiebig in der Verteidigung der Rechte seiner Brüder. So bot er dem Papst seine Resignation an, falls bestimmte Rechte des Konventes Perugia nicht gewahrt würden.

79

Bonuccis Erfahrungen während der kanonischen Visitationen und seine Anstrengung zur Erneuerung des Ordenslebens führten zur Veröffentlichung der Konstitutionen, die seinen Namen tragen. Die fundamentalen Themen dieses Textes sind die Stärkung der Autorität, die Reform der religiösen Praxis, die Würde des Zeugnisses und die Bedeutung des Studiums. Die Tradition hat sowohl dem Gesetzestext als auch den Dekreten der Generalkapitel den Titel Konstitutionen gegeben. Bonuccis Konstitutionen wurden auf dem Generalkapitel von Budrio 1548 formuliert und im selben Jahr in Bologna veröffentlicht. Mehr als eine legislative Reform waren es Direktiven in einer veränderten Situation. In seinen Reformbestrebungen versuchte Bonucci die Stärkung der Autorität der Oberen mit dem Gemeinschaftsgeist zu harmonisieren. Dem Gemeinschaftsleben wollte er eine tiefere geistliche Dimension verleihen, indem er die Exemptionen limitierte und zum Choralgebet verpflichtete, die Konventmesse einführte und die Heiligenverehrung förderte. Angesichts der Laxheit der Zeit legte er auf das Gelübde der Keuschheit großen Wert, auch auf die Armut durch die Rücknahme von Privilegien. Bei den Studien legte er Wert auf eine strenge Auswahl von Studenten und Professoren. Von ihrem Ordenseintritt an hatten die jungen Mitbrüder zwei Magister als Lehrer, einen für die geistliche Begleitung und einen für die humanistische Bildung.

Wissend, dass lutherische Schriften in Konventen kursierten, zensurierte er nicht, übernahm aber dann in der Lehre die strengen Normen von Trient als Leitlinie. Dadurch dass Bonucci die Trienter Konstitutionen approbierte und veröffentlichte, war er auch bestens in die Inkraftsetzung involviert. Die Wahl von Julius III. gab seinen Aktivitäten noch einen größeren Impetus. Er förderte auch sehr die Klausurklöster. Auf päpstlichen Auftrag reformierte er den Konvent in Bologna. Dies war notwendig, weil es im größten Priorat der Stadt und einem bedeutenden Studienzentrum große Sympathien für protestantische Ideen gab. Immer auf die Einheit des Ordens bedacht, vereinbarte er 1551 mit dem Generalvikar der Observanz ein Reformkonzept für diese. Zusammen mit dem Papst stellten sie Mißbräuche ab und die Autorität wieder her. Auf dem Generalkapitel im selben Jahr in Rimini wurde Bonucci als General wiedergewählt. Doch er starb mit 47 Jahren vor dem Ende seiner Amtszeit. Sein Grab mit einer Büste befindet sich in S. Pier Piccolo in Arezzo. Das Denkmal, das der spätere General Montorsoli errichten ließ, schuf ein unbekannter Bildhauer. Fr. Stefano Bonucci, Freund und Bündnispartner, brachte den Leichnam in seine Geburtsstadt. Parallel zu Fr. Agostino Bonucci war Fr. Lorenzo Mazzocchio von Castelfranco (1490–1560), General von 1554–1557, einer der Theologen in Trient. Er war ein Theologe mit Weitblick und auch Dichter. War Bonucci Konziliarist, hatte Mazzocchio eine nominalistische Tendenz, ohne sich dieser Schule zuzuzählen. Besonders in der Diskussion über die Rechtfertigung soll er brilliert haben. Seine exzentrische Persönlichkeit scheint zu den Turbulenzen bei seiner Wahl und zum raschen Prestigeverlust geführt zu haben. Er resignierte schon nach drei Jahren und wurde Prior von San Marcello. Falsch beschuldigt, war er eine Zeit gefangen. In Konventhaft verfasste er friedvolle Gedichte. Schon mit geschwächter Gesundheit wurde er Prior in Treviso, wo er 1560 mit 70 Jahren starb.

Das Ende der Observanz und die Auswirkungen des Tridentinums auf den Orden

Der Versuch von Bonucci, beide, Konventualen und Observanz, zu reformieren, führte 1570 zur Wiedervereinigung der Observanz mit dem Orden. Die Operation war weder einfach noch schmerzlos, aber positiv. Innerhalb eines Ordens wie dem der Diener Mariens mit einer limitierten Mitgliederzahl entwickelte sich die Observanz immer mehr von einer Innovationsbewegung weg zu einer separierenden Bewegung, die sich immer mehr entfremdete. Die folgenden Jahrzehnte sollten zeigen, dass das Ende der Observanz zu keiner Schwächung des Ordens führte, sondern zu einem generellen Aufblühen.

Der Geist von Trient blieb in den Orden nicht ohne innere Spannungen, wie auch die karmelitanische Reform von Teresa von Avila und Johannes von Kreuz mit ihren Schwierigkeiten zeigten. Es kam zur Abspaltung der unbeschuhten Karmeliten.

Die Bulle Pius V., die das Ende der Observanz besiegelte, wurde am Ende des Generalkapitels 1570 in Cesena verlesen. Fr. Zaccaria Faldossi, der General, der dieses Dokument urgiert

*Der Bildhauer
Giovannangelo
Montorsoli*

hatte, war kurz vor Kapitelbeginn gestorben. So blieb diese delikate Angelegenheit Sache seines Nachfolgers Fr. Stefano Bonucci. In der Tat reagierten die Delegierten der Observanz am Kapitel negativ und wollten die Rücknahme der päpstlichen Entscheidung, aber ohne Erfolg. Fr. Stefano heilte die Teilung und betrieb die schnelle Wiedervereinigung ohne große Schrammen. 1574 bildeten die Häuser der Observanz zwei Provinzen: Mantua und Venedig.

Das schwierigste Problem jedoch blieb eine echte geistliche Reform des Ordens. Angesichts der neuen Herausforderungen, dem Protestantismus und der Tridentiner Reform, empfanden die älteren Bettelorden die Notwendigkeit der Erneuerung. Umsomehr als im Zuge von Trient neue Kongregationen entstanden: Theatiner (1524), Barnabiten (1530), der Hospitalorden des

Johannes von Gott (1537), Jesuiten (1540), Oratorianer (1575) und die Kamillianer 1582. Eugenio M. Casalini bemerkt: „Als die älteren Orden ihre Ideale mit denen der neuen verglichen, dachten sie, dass sie sich mit der Übernahme des neuen Stils verjüngen könnten. Was sie oft nicht verstanden, war deren Brüderlichkeit auf allen Ebenen, Autorität als Dienst, Gebet in Gemeinschaft und sich als Gemeinschaft in den Dienst des Volkes Gottes stellen, dies alles in einem erneuerten Geist, das war der Erfolg der modernen Kongregationen."

Am Ende des Jahrhunderts arbeiteten zwei herausragende Serviten auf verschiedenen Wegen für die Ordensreform: Fr. Lelio Baglioni und Fr. Angelo M. Montorsoli. Beide waren General, der erste von 1590–1597, der zweite 1597–1600. Beide waren Florentiner und Neffen berühmter Künstler. Baglioni war der Neffe von Baccio d'Angelo, der in der SS. Annunciata gearbeitet hatte. Montorsoli war der Neffe des Bildhauers Giovannangelo Montorsoli (1507–1563), Schüler Michelangelos und Servit, bekannt für die Fassung der Quellen von Messina, den Hauptaltar der Servitenkirche in Bologna und Kunstwerke in Genua.

Fr. Lelio Baglioni wollte den Orden vom Haupt her reformieren. Er erließ eine Reihe von Direktiven und gründete die Kongregation der Eremiten von Monte Senario. Montorsoli wird eine mehr spirituelle Tätigkeit zugeschrieben, die allerdings nicht im Gegensatz zu Bagnioli stand, sondern diese ergänzte.

Die Konstitutionen der Diener Mariens im 16. Jahrhundert

Von der tridentinischen Reform inspiriert überarbeitete und passte der Orden seine Konstitutionen an. Wir haben bereits über die Konstitutionen Bonuccis, die das Generalkapitel von Budrio 1548 promulgiert hat, gesprochen. Der erste revisionierte Konstitutionentext wurde 1556 in Rom während des Generalates von Mazzocchio gedruckt. 1569 wurde ein anderer erneuerter Text in Florenz unter Fr. Zaccaria Faldossi gedruckt.

Das Generalkapitel 1579 in Parma wählte Fr. Giacomo Tavanti (1576–1582) als General wieder und verfügte eine Revision der Konstitutionen. Einer, der am Text arbeitete, war der 27-jährige Provinzial von Venedig, Paolo Sarpi. Der Text, der sich von den vorhergehenden bemerkenswert unterschied, wurde 1580 in Venedig gedruckt. Substantiell blieben diese Konstitutionen bis zum II. Vaticanum in Kraft.

Aus der Einleitung Giacomo Tavantis in die Konstitutionen von 1580: „Die Konstitutionen werden allen zur Beobachtung vorgelegt. Sie sind nur in gewisser Weise, aber nicht ganz neu. Was zur originellen Frömmigkeit des Ordens und zu unseren Heiligen Sieben Vätern gehört, die Liebe und der beständige Blick auf das ewige Leben, gehörte immer in die Konstitutionen: Gott unter dem Schutz der Gottesmutter zu dienen, die Welt und ihre Güter zu fliehen, einer den anderen zu lieben, zu Gott am

Titelseite der
Konstitutionen
von 1570

Altare Christi zu beten für alle. Bei alldem gibt es keine Neuheit und das alte bleibt heilig und unwandelbar, auch wenn Erneuerung angezeigt ist angesichts veränderter Bedingungen unserer Zeit, der Umstände, Orte und Personen. Wo immer ihr Neuerungen sucht, sucht sie mit dem Geist unserer ersten Väter, indem ihr Gott dient, der katholischen Kirche gehorcht und den Weg Gottes lehrt."

Auch bei der Kongregation der Observanz trat ein neuer Konstitutionentext 1570 in Kraft, kurz vor ihrer Wiedervereinigung mit dem Orden.

Konvente und Mitbrüder 1581

Die folgenden Zahlen gehen auf General Giacomo Tavanti im Frühjahr 1581 zurück und beinhalten die Angaben der Provinzkapitel:

Provinz	Konvente	Priester	Kleriker	Novizen	Brüder	Gesamt
Toskana	23	143	32	35	32	242
Rom	30	127	37	27	31	222
Bologna (Rom)	18	123	41	27	23	214
Lombardei	38	124	38	14	57	233
Treviso	26	73	20	19	22	134
Veneto	24	128	39	19	53	239
Mantua	37	155	60	27	65	307
Genua	19	62	16	8	23	109
Neapel	12	42	17	7	14	80
Provence	8			20		
Korsika, Sardinien	4			10		
Spanien				8		

Gesamt: 240 Konvente und 1818 Mitbrüder

Die ersten neun größeren Provinzen konnten je drei Delegierte zum Generalkapitel entsenden. Die anderen je einen nach den Konstitutionen 1580. Spanien war noch keine Provinz, es gab nur den jüngst gegründeten Konvent von Barcelona. Dieser und die Konvente der Provence waren die einzigen nicht italienischen in dieser Zeit. Damals umschlossen Italiens Grenzen Korsika (3), Istrien (4) und Tessin (2).

Die deutsche Provinz, noch blühend am Ende des 15. Jahrhunderts, wurde während der protestantischen Reformation ausgelöscht. 1522 wird noch ein Provinzial genannt, und einige Konvente dürften bis 1550 überlebt haben (vgl. Gottfried Wolff). Die Provinzen Veneto und Mantua wurden 1574 aus den Konventen der ehemaligen Observanz gebildet. In beiden Provinzen befanden sich über ein Viertel aller Konvente und Mitbrüder.

Zu der römischen Provinz zählt Tavanti auch 74 Klausurschwestern des Ordens in umbrischen Konventen.

Die Ursprünge der Kongregation der Eremiten von Monte Senario

Über diese Kongregation, die fast zwei Jahrhunderte existierte, besitzen wir ausführliches Dokumentationsgut. So können wir Jahr für Jahr das Leben auf dem Monte Senario und anderer

Das Wappen des Ordens, Holzeinlegearbeit von Fr. Baldassare Gallo von Racconigi, 1562, im Chor der Servitenkirche von Vignale Monferrato

Plan der neuen Fassade von Santa Maria della Croce in Barletta, einer Gründung der neapolitanischen Provinz von 1516

Einsiedeleien von 1593 bis 1778 rekonstruieren, als die eremitische Phase formal endete und man zum zönobitischen Gemeinschaftsleben zurückkehrte, wie wir es bis heute haben. Um genau zu sein, das eremitische Leben endete auf dem Monte Senario und in San Giorgio Lunigiana 1778, in Cibona und Monterano 1780.

Am 24. August 1593 entschied der Orden nicht nur, die Gebäude auf dem Monte Senario instand zu setzen, sondern dort eine strenge eremitische Gemeinschaft zu gründen, die direkt dem General und dem toskanischen Provinzial unterstand und an die SS. Annunciata angegliedert war.

Die Brüder, die für den Beginn des eremitischen Lebens ausgewählt worden waren, kamen am 22. Mai 1594 auf dem Monte Senario an. Sie wurden von Fr. Bernardino Ricciolini angeführt, der zwei Jahre zuvor in Camalduli gelebt hatte. Die Chronik nennt ihn Vikar. Die ersten Jahrzehnte des eremitischen Lebens waren geprägt von großer Strenge und Eifer. Die meiste

Arbeit ereignete sich an den Gebäuden selbst: die Restaurierung der Kirche und eine Umfriedung. Beide Projekte wurden langsam, aber ohne Unterbrechung verwirklicht. Der Wald wurde mit Pinien aus Vallombrosa wieder aufgeforstet.

Für jene, die es wünschten, war ein Leben in totaler Einsamkeit möglich. So entstanden am Berg einige Einsiedeleien, wovon zwei noch heute besichtigt werden können.

Der General besuchte den Monte Senario häufig. Die Eremiten trugen Habite aus rauem Stoff und Sandalen, fasteten dreimal in der Woche und standen zum Nachtoffizium auf. Die Kranken wurden im „Hospiz" in der SS. Annunciata gepflegt. Auch wenn ein Eremit nicht auf dem Monte Senario starb, wurde er doch auf dem dortigen Gemeinschaftsfriedhof beigesetzt.

Fr. Angelo Maria Montorsoli

Die Konstitutionen der eremitischen Gemeinschaft wurden 1613 in Florenz in italienisch veröffentlicht. In kleinen Gruppen errichteten Eremiten von Monte Senario andere Einsiedeleien in der Toskana und Latium: San Giorgio in Lunigiana, Montevirginio, Cibona und Monterano. Sie waren beteiligt am Ursprung des Ordens in Österreich am Beginn des 17. Jahrhunderts.

Während der Blütezeit der Eremiten kamen oft Brüder aus anderen Gemeinschaften auf den Monte Senario, um einige Zeit dort zuzubringen, denn es herrschte hier eine herzliche und brüderliche Gastfreundschaft, die bis heute ein Charakteristikum der Gemeinschaft vom Monte Senario ist.

Wie sehr hier der Ur-Geist wiedergeboren worden ist, und dies in Kontinuität mit dem Tridentinum geschah, zeigte sich daran, welche Unterstützung die Kongregation nicht nur vom General, sondern auch vom Heiligen Stuhl genoß. Zwischen 1593 und 1611 dokumentieren elf päpstliche Dokumente diese Unterstützung.

Zumindest in den ersten Jahrzehnten genoß die Kongregation innerhalb des Ordens großen Respekt. 600 Mitbrüder unterstützten die Renovierung. Und unter den Eremiten gab es viele heiligmäßige Gestalten.

Das Beispiel von Fr. Angelo Maria Montorsoli

Fr. Angelo Montorsoli erließ zwar keine Reformdekrete, förderte aber die Eremiten von Monte Senario und hatte seine eigenen Vorstellungen von Erneuerung. Einige Eremiten waren seine Schüler. Nach seinem Doktorat an der Universität von Florenz war er Lehrer in der SS. Annunciata. 1579 veröffentlichte er seine ersten Forschungen über Petrus Lombardi, in den nächsten fünf Jahren seiner Lehrtätigkeit veröffentlichte er weitere sechs Bände. Über die Zeit von Lehre und Forschung hinaus predigte er oder hörte Beichten.

1588, als sein Jahrgangs-Mitbruder Lelio Baglioni zum Generalprokurator des Ordens gewählt worden war, fragte er seine Oberen, für den Rest seines Lebens in einer Eremitage in der SS. Annunciata zubringen zu dürfen. Diese Form des Eremitenlebens war eher unüblich. Es war dies ein Protest gegen den herrschenden Lebensstil. Er war gekennzeichnet durch Aszetik, aber nicht durch Verweigerung des Lernens. Dies eröffnete ein reiches beschauliches Leben, das er durch persönliche Gespräche und Briefe an andere Mitbrüder weitergab. Während der Zeit dieser eremitischen Erfahrung schrieb Montorsoli fünf Bände von Reflexionen über die Heilige Schrift, zwei Exerzitienbücher, die sich an Ignatius von Loyola orientieren, und andere kürzere asketische Werke. Für uns ist der geistliche Brief, den er 1596 an die Gemeinschaft von Florenz gesandt hat, wichtig.

Der Brief schließt aus, dass die Observanz der Regel allein schon zur Vollkommenheit im Ordensleben führt. Auch die Strukturveränderung allein erneuert den Orden nicht. Nach Montorsoli liegt die einzige Möglichkeit der Reform in der willentlichen Anstrengung persönlicher geistlicher Erneuerung in der Nachfolge Christi, deren Wesen die Betrachtung der Liebe ist.

Montorsolis geistlicher Brief führte zu einigen Kontroversen. Er beeindruckte aber Clemens VIII., der ihn verpflichtete, sein eremitisches Leben aufzugeben und ihn 1597 zum General ernannte. Er nahm das Amt an und weihte sich der Erneuerung des Ordenslebens. Er ernannte Fr. Bernardino Ricciolini, den Initiator des eremitischen Lebens auf dem Monte Senario, zum Prior der SS. Annunciata. Eine seiner Prioritäten war die Vorbereitung von Magistern für das Noviziat und Nachnoviziat. Dafür sandte er einige Brüder zu den Jesuiten, um sie in die Exerzitien einführen zu lassen. Seine Vision des Ordens beschreibt Montorsoli in einem Brief an den Provinzial der Romagna im Jänner 1597: „Im Vergleich zu anderen Mendikantenorden ist unser Orden klein, aber durch die innige Gottverbindung kann er eine Macht werden. Aber heute gleicht er einer verfallenen Stadt und es muss viel getan werden, um Jerusalem wieder zu errichten. Es gibt keine Notwendigkeit, ihn zugrunde gehen zu lassen. Weil er ein Werk der Gottesmutter ist, muss er erneuert und vergrößert werden. Andere Orden haben an ihrer Spitze einen Heiligen, aber wieviel mehr ist die Gottesmutter, deren Diener wir uns nennen dürfen."

Das 16. Jahrhundert endet mit Fr. Angelo Maria Montorsoli. Das 17. ist voll von Ereignissen für das Ordensleben und bringt uns erstmals auf die Bühne der profanen Geschichte. Fr. Paolo Sarpi ist ohne Zweifel der bestbekannte Diener Mariens.

DAS JAHRHUNDERT IM ÜBERLICK

1505	stirbt der selige Johannes Angelus Porro in Mailand.
1506	werden die „Söhne der Observanz des Generals" errichtet.
1512–1517	tagt das V. Laterankonzil.
1515–1516	ist Fr. Filippo Albrizzi aus Mantua Generalvikar der Observanz. Deren Konstitutionen werden erneuert. Albrizzi schreibt eine kurze Ordensgeschichte, eine Geschichte der Observanz und eine Biografie des heiligen Philippus Benitius.
1517	beginnt die Reformation. Nach und nach enden die Konvente in Deutschland.
1524	stirbt die selige Luzia, die Gründerin des Klausurklosters in Bagolino.
1526	stirbt der selige Cedonio in Bologna.
1533	appelliert General Girolamo Amidei von Lucca für die Wiederinstandsetzung von Monte Senario.
1539	wird Fr. Dionisio Laurerio von Benevent, General von 1535–1542, der erste Kardinal des Servitenordens.
1542–1553	Generalat von Fr. Agostino Bonucci.
1545–1563	Konzil von Trient.
1556	erste Revision der Konstitutionen im Lichte von Trient, gefolgt von zwei weiteren 1569 und 1580.
1570	Wiedervereinigung der Kongregation der Observanz mit dem Orden.
1580	Gründung eines Hauses in Barcelona in Spanien.
1593	beginnt die Kongregation der Eremiten von Monte Senario ihr Leben.
1596	geistlicher Brief von Fr. Angelo Maria Montorsoli.
1597–1600	ist Montorsoli General.

5. Kapitel

DAS 17. JAHRHUNDERT

Von der Deutschen Observanz (1613) bis Fr. Giulio Arrighetti († 1705). Monte Senario als Zentrum der Reform

Die Charakteristik der Periode
Der historische Forscher dieser Periode des 17. und 18. Jahrhunderts hat einen gravierenden „Nachteil": Während der Spezialist des Mittelalters verrückt nach Dokumenten sucht, hat der erste diese in Hülle und Fülle und es existiert dazu kein Führer. Das meiste davon ist inzwischen gesichtet und untersucht. Auch mussten die meisten Dokumente, die Fr. Arcangelo Giani für seine Annales Ordinis verwendet hatte, noch studiert werden. Diese Dokumente sind in der 1. Ausgabe der Annales (1618–1622) und in den folgenden des 17. und 18. Jahrhunderts gesammelt.

Das 17. Jahrhundert ist eine bemerkenswerte Periode innerhalb der Ordensgeschichte. Viele der Generäle, die den Orden zwischen 1600 und 1700 leiteten, waren von außerordentlichem geistlichen oder intellektuellen Profil. Die geistliche Erneuerung, die auf dem Monte Senario begann, trug große Frucht in der Gründung der Deutschen Observanz und einigen Eremitagen. Die vom Heiligen Stuhl eingeleitete Restrukturierung in Italien führte zu einer besseren Organisation des Ordens.

Bemerkenswert ist das Wachstum des Ordens um 1650 in Spanien, Frankreich und den deutschsprachigen Ländern. Überdies erlebte der Orden eine große öffentliche Würdigung. Viele

Generäle wurden am Ende ihrer Amtszeit Bischöfe und immer mehr Mitbrüder lehrten an den bedeutendsten italienischen Universitäten. Die deutsche Observanz entstand in dieser Zeit. Die servitanische Familie nahm Gestalt an: die Schwesternklöster wuchsen und die Societas Habitus, die Sieben-Schmerzen-Bruderschaften, nahmen zu. Mit den Annales gab es eine erste offizielle Ordensgeschichte. Es intensivierte sich die Verehrung der Schmerzensmutter. Zuerst für die Laien gedacht, bekam diese Verehrung innerhalb des Ordens eine solch prägende Kraft, dass sie zu einem seiner wesentlichen Charakteristika wurde. Es ist unmöglich, alles zu erfassen, was sich im 17. Jahrhundert im Orden ereignet hat. Einige wesentliche Linien sollen jedoch gezogen werden.

Fr. Paolo Sarpi

Das populäre Image von Fr. Paolo Sarpi wirft in der Ordensgeschichte zwei Fragen auf: seine Persönlichkeit als Mitbruder und die Haltung des Ordens zu seiner Position, die er während des Interdiktes über Venedig 1606 einnahm.

1552 in Venedig geboren, trat Paolo Sarpi 1565 in den Servitenorden ein, seinen Taufnamen Petrus in Fr. Paolo ändernd. Er wurde 1574 in Mantua zum Priester geweiht. In der Zwischenzeit wurde die Observanz, zu der Sarpis Provinz gehörte, mit dem Orden wieder vereinigt. Nach einer kurzen Zeit in

Mailand, wo er Karl Borromäus kennenlernte, der ihn konsultierte, kehrte er nach Venedig zurück. 1578 promovierte er in Padua zum Doktor der Theologie. 1579 wurde er zum Provinzial der venetianischen Provinz gewählt und als eines der

Fr. Paolo Sarpi

drei Mitglieder in jene Kommission berufen, die 1580 die Konstitutionen überarbeitete.

1585 wird er zum Ordensprokurator gewählt und übersiedelt bis zum Ende der dreijährigen Amtszeit nach Rom. 1589 sandte ihn der Kardinalprotektor des Ordens zur Visitation der bolognesischen Provinz. Es wird beschrieben, mit welchem Ernst Sarpi für die Erneuerung des Ordenslebens eintrat. 1598 war er theologischer Berater des Bischofs des heutigen Vittorio Veneto. 1599 ernannte ihn General Montorsoli zum Generalvikar für die Visitation der venetianischen Konvente. 1606 wurde er zum Konsultor, Theologen, Kanonisten und Konsul der Republik von Venedig gewählt. Er akzeptierte unter der Bedingung, dass ihn der Senat immer verteidige. Fr. Fulgenzio Micanzio, sein erster Biograf, war immer loyal zu ihm und besuchte ihn in Venedig. Im Mai 1606 überkam Venedig ein päpstliches Interdikt wegen der Verurteilung und Verdammung bestimmter Kleriker durch die Regierung. Über die Frage brach ein regelrechter Krieg aus. Im Oktober wurde Sarpi unter Androhung der Exkommunikation nach Rom zitiert. Er erklärte öffentlich, nicht zu glauben, nach Rom gehen zu sollen. Er würde sich einem kirchlichen Gericht stellen, aber an einem sicheren Ort.

Am 5. Jänner 1607 wurde er exkommuniziert. Am 5. Oktober 1607 wurde er durch ein mysteriöses Attentat verwundet. Es scheint, dass ihn Kardinal Robert Bellarmine vorgewarnt hatte. Die Kontroverse zwischen Venedig und dem Papst wurde durch einen Vergleich beigelegt. Sarpi zog sich aus dem öffentlichen Leben zurück und widmete sich seinen Studien. Seine intensiven Aktivitäten als Konsul der Republik von Venedig sind in der italienischen Geschichtsschreibung gut dokumentiert. Er starb am 14. Jänner 1623 einen würdigen Tod. Im selben Jahr starben zwei weitere Mitbrüder, die in dieser Geschichte eine Rolle spielten: Fr. Bernardino Ricciolini, der 1593 die Kongregation der Eremiten von Monte Senario gegründet hatte, und Arcangelo Giani, der erste Annalist des Ordens.

Über das integre Leben Paolo Sarpis als Servit besteht kein Zweifel. Die Haltung des Ordens ihm gegenüber während und nach dem Interdikt ist noch eine offene Frage. Sicher hat das Interdikt etwas damit zu tun, dass seine Geschichte des Konzils von Trient auf den Index der verbotenen Bücher gesetzt wurde. Die Situation stellt sich auch deshalb als komplex dar, weil sein Freund Fr. Filippo Ferrari von 1604–1609 General war (er leitete den Orden nochmals von 1624–1625).

Studien haben ergeben, dass die Hierarchie des Ordens Sarpi in der kritischen Zeit weder angegriffen noch zensuriert hat. Auch dann nicht, als einige Repräsentanten in der Affäre für den Papst Partei ergriffen. Sie forderten den totalen Gehorsam der Serviten gegenüber dem Papst.

Es muss aber festgehalten werden, welch guten Namen Sarpi innerhalb des Ordens hinterlassen hat. Seine Mitbrüder haben ihn immer wieder verteidigt, unter anderen Fr. Giuseppe Giacinto Bergantini (1691–1774) in einem Buch, das sofort auf dem Index landete. Endlich beschäftigte sich auch ein Symposium 1983 in Venedig mit ihm und lernte ihn als Mitbruder besser kennen.

Die Diener Mariens 1650

In Italien gab es 1650 neun Provinzen mit allen Rechten mit 261 Konventen. Diesen zugezählt werden können Korsika (fünf Konvente) und Sardinien (zweiKonvente), die von Generalvikaren geleitet wurden. Heute wären es Vikariate. Diese 268 Konvente repräsentierten 91,5% des Ordens. Alle Konvente befanden sich im heutigen Italien, ausgenommen fünf im heutigen Frankreich (Korsika), fünf in Istrien und zwei in der Schweiz (Tessin). Aufgeführt sind auch jene halb-unabhängigen Gemeinschaften, die an eine größere angeschlossen waren.

Die anderen drei Provinzen waren Provence (Narbonne) in Frankreich mit sieben Konventen, Spanien (Katalonien) mit zehn Konventen und Deutschland mit acht Konventen. Diese waren über ein sehr weites Gebiet verbreitet. Heute sind dies fünf Konvente in Österreich, einer in Tschechien. Damals sechs in Österreich, einer in Deutschland, einer in Tschechien.

Die Restrukturierung, die der Heilige Stuhl 1652 anordnete

In Übereinstimmung mit den Leitlinien des Konzils von Trient haben zahlreiche Päpste verboten, neue Mitglieder in Gemeinschaften aufzunehmen, die nicht dafür geeignet waren, oder neue Gründungen ohne die Erlaubnis des lokalen Ordinarius zuzulassen. Die verschiedenen Warnungen wurden meistens sowohl von den Orden, als auch den Bischöfen ignoriert. Innozenz X. (1644 –1655) wurde aktiv. Mit der Apostolischen Konstitution „Inter coetera" 1649 ordnete er an, einen Mikrozensus der Ordenspriorate in Italien zu machen, die Zahl der ihnen zugeschriebenen Brüder zu erheben und die Einkünfte zu erfassen.

Das Ergebnis ausgewertet, schritt Innozenz X. 1652 zur Tat. Bevor er auf die Reduktion der Häuser insistierte, die ihre Mitbrüder nicht erhalten konnten, stellte er fest, dass die geringe Zahl der Mitbrüder die intendierte Reform nicht verwirklichen und die Erneuerung der regulären Observanz nicht vollzogen werden konnte. Kurz gesagt, die päpstliche Direktive führte in Italien zur Aufhebung von 102 von 261 Konventen, Korsika und Sardinien ausgenommen (261 ist der Stand von 1650).

Die Umsetzung der Direktive konnte nicht über Nacht geschehen, eine besonnene Vorgangsweise war angezeigt. In der Tat wurden nur 48 Konvente aufgelassen. Die Ordensannalen diagnostizierten diese Angelegenheit als Desaster, aber die Geschichte des Ordens hat die Sache überlebt.

Interesssant ist folgende Statistik: während die Konvente in Italien von 261 im Jahr 1650 auf 177 im Jahr 1750 reduziert wurden, wuchs die Zahl der Brüder von 1745 auf 1950. Inzwischen war aber der Orden signifikant über Italien hinausgewachsen.

Die Wiedergeburt der Studien im Ghent-Kolleg in Rom

Um diese Zeit bemühten sich die Generäle um eine Reorganisation der Studien im Orden. General Dionisio Bussotti erwirkt 1633 vom Heiligen Stuhl, dass der Orden 12 Magister der Theologie haben darf. Dieser Grad entspricht denen der Universität. General Callisto Puccinelli erreichte 1659 von Alexander VII., dass dieses Kontingent auf je zwei Mitbrüder pro Provinz erweitert wurde. Eine Bedingung war, dass die Grade während eines Provinzkapitels oder einer kanonischen Visitation verliehen wurden.

1666 berief General Ludovico Giustiniani die ersten Studenten an das nach dem mittelalterlichen Theologen Heinrich von Ghent benannte Kolleg, das im neuen Konvent San Marcello untergebracht war. Das Kolleg konnte akademische Grade in Theologie verleihen. Clemens IX. approbierte die Statuten des Kollegs mit der Bulle „Militantis Ecclesiae" am 21. Februar 1669. Das Kolleg bestand ohne Unterbrechung bis 1870. Es wurde 1895 als Kolleg S. Alexius Falconieri wiedereröffnet. Die direkte Nachfolgerin des Ghent-Kollegs war die 1950 von Pius XII. errichtete Päpstliche Theologische Fakultät Marianum. Seit 7. März 1965 ist das Marianum die einzige katholische Fakultät, die ein theologisches Doktorat mit der Spezialisierung in Mariologie an Kleriker und Ordensleute, seit 1971 auch an Laien verleihen kann.

Zurück zum ursprünglichen Kolleg: 1679 erarbeitete General Giorgio Soggia Statuten, die die ersten ihrer Art in der Ordensgeschichte waren. Sechs Jahre später eröffnete General Giulio Arrighetti ein Studienzentrum für Philosophie in unserem Konvent in Bologna. Dies war als Vorbereitung für das theologische Kolleg in Rom gedacht. Eine interessante Frage ist, welcher philosophischen und theologischen Schule der Orden bei dieser Erneuerung der Studien gefolgt ist. Sicher hatte Heinrich von Ghent einen gewissen Einfluss, auch wenn er, wie historisch vermutet, kein Servit war. Es wurde aber die Tradition im Orden fortgesetzt, sich keiner bestimmten Schule anzuschließen. Unter den servitanischen Theologen finden sich Thomisten genauso wie Anhänger von Duns Scotus wie Eklektiker. Auch gab es damit viel Freiheit und keine Lagerbildungen innerhalb des Ordens.

Ein Beispiel ist Gerardo Capassi, gebürtiger Florentiner, der zuvor bereits an der Universität von Pisa unterrichtet hat. Vorher unterrichtete er am Kolleg in Rom und an der Studentengemeinschaft in Florenz. Er entwarf philosophische und theologische Conclusiones, die über Italien hinaus bekannt wurden. Er war einer der bedeutendsten Kirchenmänner seiner Zeit. 1688 wurde er vor der Inquisition in Florenz der Häresie angeklagt und zu einigen Monaten Gefängnis verurteilt, bis er seine Irrtümer zurücknahm. Kardinal Prospero Lambertini, der zukünftige Benedikt XIV., sah in Capassi einen Mann, der seiner Zeit weit voraus war. Aber die Conclusiones blieben bis 1900 auf dem Index.

Die servitanische Familie weitet sich aus

Einige wichtige Daten des 17. Jahrhunderts betreffen die servitanische Familie. 1628 gab Urban VIII. die Erlaubnis, an jeder unserer Kirchen eine Societas Habitus oder eine Sieben-Schmerzen-Bruderschaft zu errichten. 1645 wurden die Regel und die Konstitutionen der Klausurschwestern in Bergamo erlassen. Dies war der erste moderne legislative Text für Schwestern. Sr. Maria Benedetta Rossi, die Gründerin des Klosters in Burano (Venedig) starb 1648. Neue Klausurklöster wurden in Venedig (Santa Maria del Pianto, 1657–1658) und Arco (1689) gegründet. Beide wurden von der Reform von Monte Senario inspiriert. Endlich wurde 1699 ein erstes Buch über den Orden für Laien in Mexico City veröffentlicht. Im 17. Jahrhundert gab es ein bezeichnendes

99

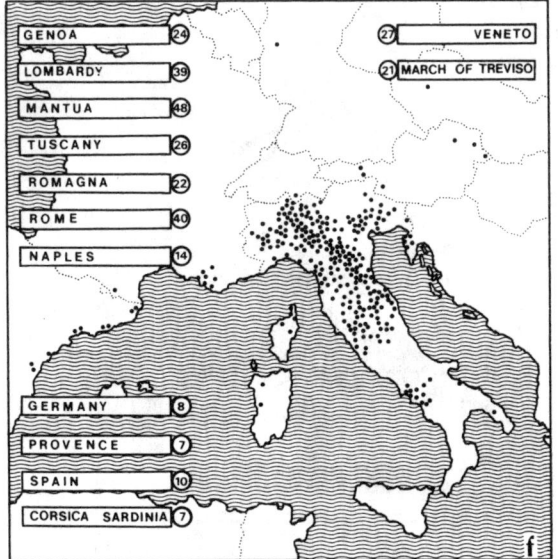

Die servi-
tanische
Familie im
Jahr 1650

Wachstum aller Zweige der servitanischen Familie, und dies
überall.

Seit Beginn des Ordens waren es immer wieder Einzelperso-
nen, wie Heinrich von Baldovino, der sich 1265 als „Oblate" an
die SS. Annunciata band, dann Gruppen, die die servitanische
Spiritualität teilen wollten. Martin V. approbierte 1424 den III.
Orden. Diese Gruppe wurde Consortium Servorum Sanctae
Mariae genannt.

1599 gewährte General Angelo Montorsoli die Teilhabe an
den geistlichen Gütern des Ordens allen Männern und Frauen,
jeden Standes, überall in der Welt, jetzt und in der Zukunft,
welche der Societas Habitus angehören und ihr Herz und ihre
Seele der Verehrung der glorreichen Jungfrau Maria im Gedächt-
nis ihrer Schmerzen widmen.

1607 gewährte der Heilige Stuhl den Bruderschaften geistliche Privilegien, die in den folgenden Jahren ausgeweitet wurden.
1645 wurden alle „Bruderschaften der Sieben Schmerzen der
seligsten Jungfrau" genannt. Dal Pino sagt, dass die Bruderschaften nicht mit dem III. Orden verwechselt werden dürfen. Auch
wenn die Spiritualität der Verehrung der Sieben Schmerzen

deckungsgleich ist. Der Unterschied ist vielleicht, dass der III. Orden ein engeres Verhältnis zum Orden hatte als die Bruderschaften. Beide jedoch wurden von der Gemeinschaft geprägt, der sie sich zugehörig fühlten. So schreibt Dal Pino: „Der Servitenorden hat sich jetzt (1968) Konstitutionen gegeben, die das erstemal in der Geschichte nicht bloß ein interner legalistischer Code sind, sondern auch ein Ausdruck der christlichen und menschlichen Werte des Ordens, sowohl auf individueller und gemeinschaftlicher Ebene." Dieser neue Geist bezieht sich auf alle Zweige der servitanischen Familie.

Die Heiligsprechung des Philipp Benitius

Philipp Benitius wurde von Clemens X. am 12. April 1671 heilig gesprochen. Dieser Moment war für den Orden wichtig, weil Philipp der erste heilig gesprochene Servit war und er zusammen mit Peregrin Laziosi eine der populären Figuren ist. Die Wertschätzung ist deswegen so groß, weil der Prozess der Heiligsprechung so lange und schwierig war.

Die ersten Ausdrücke der Verehrung des heiligen Philipp sind sehr beeindruckend. Sie begann in Todi, wo die ersten Wunder unmittelbar nach dem Tod des Heiligen notariell beglaubigt wurden. Ein erstes Anzeichen für die Verehrung findet sich bereits im Register des Lothar von Florenz (1285–1300). Bereits 1285 wird Philipp als Heiliger bezeichnet. Die Verehrung wurde durch den Orden verbreitet, eine Verehrung, die mancherorts größer als die der Heiligen Sieben Väter war. Im 15. Jahrhundert

Das Servitenpriorat in Kreuzberg in der Nähe von Bonn, 1637 gegründet

101

nennen ihn Dokumente innerhalb des Ordens als ersten General, manche außerhalb sogar als Ordensgründer. Die Serviten haben ihn immer als Licht, das Maria auf den Leuchter gestellt hat, verehrt, damit alle Brüder lernen, am Beispiel Philipps Maria zu dienen.

Deshalb ist auch leicht zu verstehen, mit welcher Sorgfalt der Orden die Reliquien mehrmals übertragen hat. Die erste erfolgte am 10. Juni 1317 aus seinem ursprünglichen Grab aus der rechten Wand der Josefskapelle auf dem Monte Senario nach Todi. Der Autor der Ursprungsgeschichte sagt, dass ihn an diesem Tag ein Wunder veranlasst habe, sein Leben aufzuschreiben. Und auf die Initiative General Giacomo Tavantis, in die der gesamte Orden involviert war, wurden die Reliquien von der Josefskapelle unter den Hauptaltar der Kirche übertragen. 20 Jahre später wechselten die Serviten vom ursprünglichen Konvent S. Marco in die Kirche S. Maria delle Grazie. So wurden am 12. September 1599 die Reliquien dorthin übertragen, wo sie noch heute zusammen mit anderen Andenken verehrt werden (Habit, Sandalen, das Kreuz, das er am Sterbebett als sein „Buch" erhalten hat). Seit dem 14. Jahrhundert haben sich die meisten Generäle aktiv für die Verbreitung seiner Verehrung und Heiligsprechung eingesetzt. Andreas von Faenza (1374–1396) tat viel für die Bekanntheit Philipps und beauftragte Fr. Guglielmo von Alexandria, ein liturgisches Offizium zu entwerfen. Fr. Taddeo Garganello von Bologna rief alle höheren Oberen zusammen, um vom Papst die Heiligsprechung zu erbitten. Die Stadtsenate von Todi und Florenz sandten einen unterstützenden Brief an Calixtus III. Doch der Papst starb bald. General Cristoforo Tornielli (1461–1485) war ein anderer unermüdlicher Förderer der Verehrung. Er beauftragte eine Kommission, die ältesten Dokumente wie die Legenda von 1317 in klassisches Latein zu übersetzen. Das Generalkapitel 1470 verfügte, dass bei jedem der folgenden Kapitel des Heiligen gedacht werden und seine Heiligsprechung diskutiert werden solle.

Nennenswert sind auch die Anstrengungen Antonio Alabantis (1485–1495). Während seiner Visitationsreise nach Deutschland 1486 ordnete er die Errichtung eines Altares mit dem Bild des Heiligen in jeder Kirche an. Beim Generalkapitel 1488 in

Philipp Benitius mit der Jungfrau Maria, Kupferstich von 1626

SERVITE DOMINO IN TIMORE

Bologna wurde beschlossen, den Heiligsprechungsprozess vorzubereiten und zu organisieren. Auch sollte der verwahrloste Konvent in Todi renoviert werden. Als der Florentiner Leo X. Papst wurde, wurde beim Generalkapitel 1515 der Fall des heiligen Philipp forcierter betrieben. Auch der Kardinalprotektor des Ordens, Antonio dal Monte intervenierte. Aber der Papst konnte sich wegen der vielen Probleme seiner Zeit der Kanonisation nicht annehmen, er erlaubte aber dem Orden die Verehrung ohne Angst vor Zensur fortzusetzen und genehmigte die Feier seines Festes mit einem eigenen Offizium am 23. August (Bulle vom 24. Jänner 1516, die in Todi aufbewahrt wird). Ermutigt durch diese positive Einstellung Leos X. wurden die Anstrengungen für die Heiligsprechung im ganzen Orden noch verstärkt. General Lelio Baglioni verfügte während des Generalkapitels in Budrio 1594, alle dem Heiligen geweihte Kapellen zu

103

restaurieren und neue zu errichten. Auf Anregung der Generäle Zaccaria Faldossi (1564–1570) und Angelo Montorsoli (1597–1600) wurden neue liturgische Offizien verfasst. Montorsoli wollte mit allem Eifer den Prozess zu Ende bringen. So kontaktierte er den Stadtsenat von Todi, den Großherzog der Toskana und andere Fürsten und bat sie um ihre Intervention in Rom. Er ließ eine genaue Dokumentation anlegen, wobei er selber einige Forschungen anstellte. Den Ordensannalisten Fr. Arcangelo Giani beauftragte er zu einer Geschichte des seligen Philipp, welche in Florenz 1604 veröffentlicht wurde und alles, was man über den Heiligen zu dieser Zeit wusste, enthielt. Nach dem Generalkapitel 1603 sollte jeder Konvent eine solche Dokumentation besitzen. Montorsoli schrieb Gebete für einen erfolgreichen Prozess im Orden vor. Aber sein Tod verhinderte, das Werk zu vollenden.

Nach dem Tod Montorsolis wurde die Arbeit durch Baldassare Bolognetti, der von 1614–1624 General war, wieder aufgenommen, unterstützt von Fr. Aurelio Raffaelli, der Generalprokurator in Rom war. Dank seiner Anstrengungen führte die Rota den Prozess über die heldenhaften Tugenden. Dank der Anstrengungen von Giani wurde der Florentiner Prozess 1621 abgeschlossen. Fr. Angelo Berardi arbeitete für den Prozess in Todi. Die offizielle Anfrage des Ordens 1625 war von der Bitte Kaiser Ferdinands II. begleitet, dass er die Angelegenheit abgeschlossen haben möchte. Doch zunächst gab es weitere Hindernisse. Es gab weitere Anfragen Kaiser Ferdinands III. an Urban VIII. am 22. Februar 1641 und an Innozenz X. (26. April 1645). Kaiser Leopold I. appellierte an Clemens IX. am 24. Dezember 1668 mit größerer Insistenz. Die Insistenz dieses Herrschers zwei Jahre später, begleitet von der des Großherzogs der Toskana und dem gesamten Orden, öffnete endlich nach über drei Jahrzehnten das so ersehnte Tor. Und so wurde Philipp von Clemens X. am 12. April 1671 heilig gesprochen.

Aber der Weg war lang und schwer. Den großen Beitrag des Ordens erlebte man unmittelbar vor und nach der Heiligsprechung. Viele Bücher über den Heiligen wurden veröffentlicht. Und die Delikatesse der Angelegenheit sieht man auch an den Kosten der Heiligsprechung. 12 Künstler wurden für 23 Originalwerke (Fahnen und Miniaturen) verpflichtet. Philipp wurde von

Clemens X. zusammen mit vier anderen Heiligen heilig gesprochen. Im Orden wurde die Heiligsprechung in barockem Stil gefeiert. Es gab Feste von Venedig bis Messina. Von April bis Oktober 1671 gab es allein in Rom fünf Feiern, unter anderem in St. Peter und S. Marcello.

Das Generalat von Fr. Giulio Arrighetti

Während seines Generalates von 1682–1690 hatte das Leben von Monte Senario großen Einfluss auf den Orden. 1622 in S. Pietro a Sieve nahe Monte Senario geboren, führte er bis zum Alter von 60 Jahren ein sehr aktives Leben. Als junger Mann unterrichtete er in Sansepolcro, dann in Mantua, Vicenza, Florenz und Pisa. Er war ein begabter Redner. 1659 begleitete er General Callisto Puccinelli nach Deutschland als theologischer Berater. 1677 wurde er zum toskanischen Provinzial gewählt, ging aber vor dem Ende seiner Amtszeit 1680 als Eremit auf den Monte Senario. Dort änderte er seinen Namen nach einem der Sieben Väter auf Alexius. Zwei Jahre später muss er, als Generalvikar gewählt, die Eremitage verlassen. Innozenz XI. ernannte ihn zum General. Nach seinem Generalat wollte er unbedingt zum Monte Senario zurück, was ihm nicht gewährt wurde. Ab 1695 wurde ihm erlaubt, die Eremitage in der SS. Annunciata zu beziehen, wo er 1705 starb, dort wo Montorsoli ein Jahrhundert zuvor gelebt hatte.

Sein Nachfolger, General Giovanni Francesco Maria Poggi, 1702–1703, ab dann Bischof von San Miniato (Pisa) bis 1719, schrieb über ihn eine bemerkenswerte Biografie.

Giulio Arrighetti hat nur ein Dekret erlassen, und das war sein beispielhaftes Leben. Er hatte eine heilige Norm, die bestehenden Regeln sorgfältig einzuhalten, denn es gibt nichts Schlimmeres für die Gesundheit als ständig die Medikamente zu wechseln.

Das 17. Jahrhundert begann und endete mit Monte Senario.

Einige herausragende Serviten des 17. Jahrhunderts

Da sind einmal die drei Ordensannalisten: Arcangelo Giani (†1623), Luigi M. Garbi (†1722) und Placido M. Bonfrizieri (†1732). Fr. Cherubino M. Ranzani von Reggio Emilia, der eine „ewige" Uhr bis zum Jahre 2000, die heute noch bewundert werden kann, konstruierte. Giovanni Battista Drusiani (†1656), ein Genie auf vielen Gebieten. Fr. Giovanni Angelo Lottini (†1629), Poet und Dramatiker. Arsenio Mascagni (†1637), der die Fresken in Schloss Hellbrunn (Salzburg) und im Salzburger Dom malte. Und Giovanni Battista Stefaneschi (†1659), ein Freund Galileo Galileis. Einige von ihnen waren zumindest für eine Zeit Eremiten von Monte Senario.

Fr. Giulio Arrighetti

Monte Senario auf einer Zeichnung von 1760

Drei Personen sollten noch erwähnt werden: Sr. Maria Benedetta Rossi (†1648) und Sr. Maria Arcangela Biondini (†1712)
waren Klausurschwestern und Pierre Paul Perrier Dupré, Laienbruder, war Colonel in der französischen Armee, dann „heiliger
Pförtner" in der SS. Annunciata.

Elisabetha Rossi wurde 1586 in Venedig geboren, wo sie den
Habit des III. Ordens erhielt und den Namen Sr. Adriana annahm.
1612 trat sie in den Augustinerkonvent St. Hieronymus ein. Sie
wollte einen Reformkonvent gründen und ihr Traum erfüllt sich
1619, als S. Maria delle Grazie auf der Insel Burano geöffnet
wurde, ehemals Konvent der Observanz. Ihre Klausur begann
1626, als sie den Namen Maria Benedetta annahm. Sie wurde
bekannt wegen ihres vorbildlichen Lebens und ihrer mystischen
Erfahrungen. Sie starb 1648, als sie eine zweite Gründung S.
Maria del Pianto in Venedig in die Wege leitete, die 1658
begonnen wurde.

Arcangela Biondini wurde 1641 in Korfu geboren und als
Giovanna Antonia getauft. 1655 trat sie in das Klausurkloster in

Burano ein, dessen Insassinen wegen ihres Habits „Kapuzinerinnen" genannt wurden. Mehr als zehn Jahre war sie Priorin, 1689 ging sie nach Arco, um einen neuen Konvent zu gründen. 1699 approbierte Innozenz XII. dessen Konstitutionen. Sr. Arcangela starb 1712, sie hinterließ in zahlreichen Werken ihre mystischen Erahrungen, die nicht ausgewertet sind.

Br. Pierre Paul Perrier Dupré wurde 1643 in einer adeligen Familie in Lyon geboren. In der französischen Armee war er bereits mit 30 Oberst. Dann verließ er die Armee und trat in den Dienst des venetianischen Botschafters beim Heiligen Stuhl in Rom. Eine Intrige ließ ihn von Rom nach Mantua fliehen. Dort trat er in St. Barnabas als Bruder ein. Nach zehn Monaten verließ er wieder das Noviziat, sieben Jahre später bat er um Wiederaufnahme. Er wandte sich direkt an General Poggi und wurde 1694 wieder aufgenommen. Nach dem Noviziat 1694 kam er 1695 an die SS. Annunciata, wo er 1700 starb. Durch diese Zeit diente er demütig als Pförtner und wurde wegen seiner unendlichen Güte unter den Menschen als „heiliger Pförtner" berühmt. Seine Biografie findet sich in den Ordensannalen 1713 von Placido Bonfrizieri.

Sr. Maria
Arcangela
Biondini

DAS JAHRHUNDERT IM ÜBERBLICK

1603   werden die spanischen Konvente eine Provinz.
1606   interdiziert der Papst Venedig. Fr. Paolo Sarpi
          wird Theologe und Kanonist der Republik von
          Venedig.
1613   werden die Konstitutionen der Eremiten von
          Monte Senario approbiert.
1613–1614 wird Innsbruck als erster Konvent der
          Deutschen Observanz gegründet.
1614–1623 machen die Eremiten von Monte Senario erste
          Versuche ihrer Ausbreitung in Montevirginio
          und durch ein Hospiz in der Nähe des
          Quirinalpalastes in Rom.
1618–1622 erste Ausgabe der Ordensannalen durch
          Fr. Arcangelo Giani.
1619   verfügt Paul V., dass Generalkapitel alle 6 Jahre
          abgehalten werden sollen.
1621   stirbt Sr. Anna Juliana von Gonzaga, die
          Stifterin der Deutschen Observanz in
          Innsbruck.
1623   sterben Paolo Sarpi, Arcangelo Giani und
          Bernardino Ricciolini.
1627   wird die Eremitage von S. Giorgio in Lunigiana
          dem Monte Senario angeschlossen.
1628   erlaubt Urban VIII. dem Orden die Errichtung
          der Societatis Habitus, nach 1645 die
          Bruderschaft der Sieben Schmerzen in jeder
          Ordenskirche.
1636–1637 Gründung der Eremitage in Cibona, in der Nähe
          von Tolfa in Latium.
1643   Drucklegung der Konstitutionen der
          Klausurschwestern.
1647   wählt das erste Provinzkapitel der Deutschen
          Observanz Angelus Fieger zum Provinzial.
1648   stirbt Sr. Maria Benedetta Rossi, die Gründerin
          (1619) des Klausurklosters in Burano, Venedig.

1652	müssen in Italien über 100 kleine Konvente durch die Bulle „Instaurandae regularis disciplinae" von Innozenz X. geschlossen werden.
1657–58	Gründung des Konventes Santa Maria del Pianto in Venedig.
1663	Gründung des III. Ordens in Barcelona, der sich über ganz Spanien und nach Übersee verbreitet.
1666	öffnet das Ghent-Kolleg in San Marcello in Rom.
1668	approbiert Clemens IX. die Deutsche Observanz.
1671	wird Philipp Benitius heilig gesprochen.
1679	erlässt General Giorgio Soggia Statuten für das Studium innerhalb des Ordens.
1682–1690	ist Giulio Arrighetti General.
1689	wird das Klausurkloster in Arco gegründet.
1692	wird die Schmerzensmutter zur Hauptpatronin des Ordens erhoben.
1699	wird das erste Buch über den Orden für Laiengruppen innerhalb des Ordens publiziert.
1700	stirbt Br. Pierre Paul Perrier Dupré, der „heilige Pförtner", in der SS. Annunciata in Florenz.
1701	stirbt Fr. Giorgio Soggia als Bischof von Bosa auf Sardinien.
1705	stirbt Fr. Giulio Arrighetti.

6. Kapitel

DIE DEUTSCHE OBSERVANZ

Spiritualität und Theologie (1613–1909)

Eine Stifterin

Anna Katharina wird 1566 als Prinzessin von Mantua aus dem Hause Gonzaga geboren. Im Alter von nur 16 Jahren wird sie 1582 mit Erzherzog Ferdinand II. von Tirol vermählt. Der Ehe entsprossen drei Töchter: Eleonore, als Kind gestorben, Maria, als Servitin später Sr. Anna Katharina, und Anna, Frau des Kaisers Matthias, Kaiserin von Österreich. 1595 wird sie im Alter von nur 29 Jahren Witwe. Von nun widmet sie sich nur dem geistlichen Leben und vielen guten Werken.

1606 veranlasst sie den Beginn des Klosterbaues der Klausurschwestern und der Dritt-Ordens-Frauen OSM („Regelhaus") in Innsbruck.

1612 Beginn des Klosterlebens: Anna Juliana (Juliana war ihr Ordensname) mit Tochter Anna Katharina werden am 1. Juli als Servitinnen eingekleidet. Dass sie wirklich Servitin war, kommt auch in ihrem Lieblingsgebet zum Ausdruck: „Das Leiden unseres Herrn Jesus Christus und das Mitleiden der seligsten Jungfrau bleibe stets in meinem Herzen und in meinem Leibe. Amen."

1614 Beginn des Kirchen- und Klosterbaues zum heiligen Josef, des Servitenklosters in Innsbruck dank der Großherzigkeit der „Stifterin", Anna Juliana.

1616 kommen Serviten von Monte Senario. Innsbruck wird zum Mutterkloster von 31 Niederlassungen der Serviten im Rheinland, Österreich, Böhmen und Ungarn.

111

Sr. Anna Juliana Gonzaga

1621 stirbt Anna Juliana am 3. August, heiligmäßig, wie sie gelebt hat. 1648 stirbt ihre Tochter Anna Katharina.

Bei der Aufhebung der Servitinnenklöster in Innsbruck 1783 unter Josef II. wurden die Särge der beiden Erzherzoginnen aus der entweihten Klosterkirche in die Gruft der Jesuitenkirche gebracht. Am 12. November 1906 wurden sie von dort feierlich in das schöne Grabmal im Gang des Servitenklosters überführt, das die dankbare Liebe der Serviten ihrer Stifterin errichtet hatte.

Die Anfänge...

Die Gründung der Diener Mariens begann in Innsbruck 1613 und verbreitete sich über Österreich, Böhmen, Deutschland und Ungarn. Es entstand die Deutsche Observanz. Von allem Anfang war diese geprägt durch die Spiritualität der Eremiten von Monte Senario, von denen einige als Obere nach Österreich gesandt worden waren. Aber noch vor den Eremiten wirkte dort die Stifterin der Deutschen Observanz, die Witwe Erzherzog Ferdi-

112

nands von Tirol, Anna Katharina Gonzaga. 1567 in Mantua geboren, war sie die Tochter des Herzogs Wilhelm und nach 1582 die zweite Frau Ferdinands. 1612 erhielt sie mit ihrer Tochter Maria das Ordenskleid der Dienerinnen Mariens in einem Schwesternkonvent, den sie in Innsbruck gestiftet hatte. Ihre zweite Tochter Anna hatte 1611 Kaiser Matthias von Österreich geheiratet. Von ihrer Einkleidung an war sie Sr. Anna Juliana und ihre Tochter Sr. Anna Katharina.

1615 lud sie einige Eremiten von Monte Senario ein, im Konvent der Mitbrüder, den sie ebenfalls gestiftet hatte, eine reguläre Observanz zu errichten. Nach ihrem Tod 1621 kehrten die Eremiten nach Italien zurück. Aber ihre Abwesenheit war nur kurz. 1624 antwortete Urban VIII. auf eine Anfrage von Erzherzog Leopold und beauftragte den Generalvikar der Serviten, wieder einige Eremiten vom Monte Senario zu senden, um die Observanz wieder einzuführen. Darunter war Arcangelo Benivieni, der 1627 die Statuten der Observanz entworfen hatte. Diese Statuten wurden vom Orden 1634 angenommen und von Clemens IX. 1668 bestätigt. Benivieni selbst war Generalvikar der Observanz für 33 Jahre († 1657).

Nach der Novizenregel der Observanz ist der Zweck unseres Ordens „die Betrachtung des Leidens Christi und der Schmerzen der jungfräulichen Gottesmutter Maria beim Leiden ihres Sohnes sowie anderer Ereignisse in seinem Leben". Wie C. Mooney feststellt, entspricht dies durchaus der spirituellen Entwicklung des Ordens im 17. Jahrhundert. Parallelen finden sich auch bei den Serviten in Italien. Es handelt sich dabei um eine christozentrische Spiritualität.

Während des 17. Jahrhunderts war die Entwicklung und das Wachstum der Observanz eng an das Innsbrucker Mutterhaus (31 Gründungen erfolgten von hier) gebunden. P. Hugo M. Körbel stellt fest, dass 124 der 480 Novizen, die vor 1700 Profess machten, Innsbrucker waren.

Das offizielle Ende der Deutschen Observanz war 1909. Die zwei Provinzen Tirol und Österreich-Ungarn akzeptierten die Entscheidung des Ordens und nahmen die neuen Konstitutionen an. Diese wurden vom Generalkapitel 1905 erlassen und 1907 vom Heiligen Stuhl bestätigt. Am 29. Jänner 1909 weitete die

Kongregation für die Ordensleute die Konstitutionen auf diese zwei Provinzen aus. Einige Bräuche wurden aber beibehalten. Heute sind die Nachfolge-Jurisdiktionen die Tiroler Provinz und die Wiedergründungen in Tschechien und Ungarn. Der Einfluss der Deutschen Observanz auf den Orden war beachtenswert und positiv. Dies deswegen, weil man immer eine enge Verbindung zum Monte Senario hatte und den Ursprüngen treu geblieben ist.

„Deutsche Observanz" – die Neugründung nördlich der Alpen

Der Begriff ist als historischer Rechtsbegriff in unserer Ordensgeschichte eingeführt. Er bezeichnet die Jurisdiktion des Generalvikarates und der diesem unterstellten Jurisdiktionen der von Innsbruck aus erfolgten Gründungen (31) während der Gegenreformation.

Unter „Observanz" versteht die Theologiegeschichte der Orden die Reformbewegungen innerhalb der monastischen und mendikantischen Orden (OFMConv., OFM Cap, OSB, O.Cist, O. Cist der strengen Observanz).

Von all diesen unterscheidet sich die Deutsche Observanz einzigartig markant. Während andere Observanzbewegungen aus einer Dekadenz innerhalb des Ordens erfolgen, bei den Serviten die Italienische Observanz (1430–1570) und die Eremiten von Monte Senario (1593–1780), ist die Deutsche Observanz eine Reformbewegung von Anfang an, ohne dass es nördlich der Alpen, sieht man von der in der Reformation untergegangenen alten deutschen Provinz (1275–1530) ab, eine „dekadente" Provinz gegeben hätte. Zwischen der alten deutschen Provinz und der servitanischen Reformbewegung gibt es keinen „kausalen" Zusammenhang. Eine indirekte Verbindung könnte freilich in der Reformation gesehen werden: der Untergang der alten Provinz ermöglicht die Geburt der neuen.

Warum eine Reform, eine Observanz ab origine?

Ein Schlüssel für eine Antwort liegt sicher bereits in den Gründungsjahren 1611–1621. Für fast 300 Jahre war die Deutsche Observanz die stärkste Präsenz des Servitenordens außerhalb Italiens. Dabei beabsichtigte man keine Totalreform des Ordens, sondern nur innerhalb der eigenen Region, allerdings die bei weitem längste Reformbewegung.

Die Gründung verdankt sich nicht der Kurie oder einer Provinz, sondern der zweiten Frau Erzherzog Ferdinands von Tirol, Erzherzogin Anna Katharina (Juliana) von Gonzaga († 1621). Sie gründete nach dem Tod ihres Gatten zwei Servitinnenklöster in Innsbruck, eine beschauliche Gemeinschaft, in die selber eintrat (1607), für die sie Konstitutionen schrieb, die Paul V. 1610 („Schwestern Dienerinnen unserer Lieben Jungfrau") approbierte. 1617 approbierte er ihre Satzungen für die zweite Gemeinschaft, die der regulierten Tertiarinnen („Regelhaus").

Im Kaiserreich war Tirol eines der Kernländer der Gegenreformation oder „Katholischen Reform". Typische Ausprägung: diese wurde nicht nur von Papst und Bischöfen, sondern von der kaiserlichen Macht forciert, wobei die Orden als Speerspitze fungierten (Kapuziner, Jesuiten).

1611 besuchte Fr. Pietro Felini auf der Rückreise nach Rom Sr. Anna Juliana, um ihre Stiftungen zu bewundern. Als er den Ordensnamen der Schwestern hörte, fand er, dass sie „Servitinnen" seien. Frucht dieses Gespräches war ihre bekräftigte Absicht, den Orden nördlich der Alpen wieder zu beheimaten. Sie bewegte ihren Beichtvater, Fr. Nikolaus Barchi OFMCap, in den Servitenorden überzutreten, was Papst und General auch erlaubten. Am 25. 10. 1611 erhielt er in der Marienkirche Maria Waldrast das Ordenskleid der Serviten und brach nach Mantua ins Noviziat auf, wo er am 10. Oktober 1612 seine Profess ablegte. Mit Fr. Alexander kehrte er nach Innsbruck zurück, wo man beiden Servitinnen-Gemeinschaften diente und Fr. Nikolaus Generalvikar des Ordens in „den deutschen Landen" wurde. 1613 folgten drei weitere Brüder, Eremiten von Monte Senario, die einen anderen Habit mit einem kürzeren Skapulier trugen, und Sr. Anna Juliana stiftete die Kirche und den Konvent St. Josef. Dies war die Geburtsstunde der Deutschen Observanz, denn Sr. Anna Juliana übernahm 1613 auch deren Konstitutionen von 1609. 1614 fuhr sie selbst auf den Monte Senario, um weitere Unterstützung zu erbitten. Sie erbat zwei Brüder, die Priester waren, als Prior und Novizenmeister. Erst aufgrund ihrer Protektion – der Papst war ihr Neffe – erfüllte der General ihre Bitte, weil er eine Spaltung des Ordens befürchtete. Am 5. Juni 1615 trafen die drei, von denen Arcangelo Benivieni (†1657) den nachhaltigsten Einfluss haben sollte, in Innsbruck ein. Sie blieben aber weiter der Kongregation der Eremiten inkardiniert. Das Leben der Mönche in Innsbruck, den Eremiten nachempfunden, war hart: Fasten, Disziplin, Askese, Mitternachtschor und viele eigene Gebete, Fleischgenuss war untersagt.

Am 31. 1. 1616 wurde die Konventkirche St. Josef geweiht. Auch wenn die Observanz nach außen hin wuchs, waren Konflikte vorprogrammiert. Einerseits hatte Generalvikar Nikolaus nicht das Format eines Oberen, andererseits hatten die Eremiten die Brüder einer neuen Reform auszubilden und wollten ihren Konstitutionen treu bleiben.

Für die Eintretenden war die „Observanzdisziplin" oft eine Überforderung. Sr. Anna Juliana gelang es erst im zweiten Versuch, eine Dispens der drei Eremiten von deren Konstitutionen von Paul V. 1618 zu erwirken. Schon 1617 hatte sie die ersten Brüder wieder nach Mantua zurückgesandt. Nach einem Bruder 1616 wurden am 8. 1. 1617 die ersten vier Kleriker eingekleidet. Bei Sr. Anna Juliana führte eine lange Krankheit zu ihrem Tod am 3. 8. 1621. Vorher aber veranlasste sie noch den Wiederaufbau der Kirche (vollendet 1624) und eines größeren Klosters, weil ein Brand diese 1620 zerstört hatte. Ihre drei Stiftungen hatten zum Zeitpunkt ihres Ablebens 22 Brüder, 21 Klausurschwestern und 27 regulierte Tertiarinnen. Mit Recht wird sie die Wiedergründerin des Servitenordens in den deutschsprachigen Ländern genannt.

Die zahlreichen Berufe warfen das Problem des Studiums auf. Die ersten drei Kleriker begannen 1619 bei den Jesuiten in Ingolstadt, aber bereits 1620 hatte Anna Juliana ein Hausstudium in Innsbruck eingerichtet.

Entwicklung nicht ohne Turbulenzen (1621–1644)

Trotz all ihres Engagements war es ihr nicht gelungen, seitens der Generalkurie und des Papstes eine kanonische Basis für die Observanz zu erreichen. 1622 kehrten die drei Eremiten auf den Monte Senario zurück, Fr. Nikolaus M. Barchi blieb als einzige Autorität (Prior und Generalvikar) zurück – und bereits 1623 wollte er zum „konventuellen Leben" zurückkehren. Es bildete sich eine große Opposition gegen ihn. Inzwischen war mit Fr. Cherubim M. O'Daly der erste neu Eingetretene zum Priester geweiht worden. Vom Tiroler Hof gekommen, engster Vertrauter Sr. Anna Julianas und jetzt Beichtvater ihrer Tochter Anna Katharina, wandte er sich an Erzherzog Leopold, der ihm riet, einen Protestbrief an den General zu verfassen. Darin verlangten nach einem geheimen Kapitel acht Professen die Abberufung Barchis, die Wiedererrichtung der Observanz und erbaten einen der Eremiten. Als Barchi im Juli von einer Wienreise zurückkehrte, fand er sich mit diesen Tatsachen konfrontiert. Auch zögerte Erzherzog Leopold wegen dieser inneren Schwierigkeiten den Serviten die Wallfahrtskirche Maria Waldrast zu übergeben und setzte eine Kommission zur Befriedung der Situation ein. Gleichzeitig bestellte der General Fr. Lello M. (Novizenmeister) als Generalvikar. Die Kommission kam zum Ergebnis, das strenge Leben wieder einzuführen, und erbat als einen der Eremiten Fr. Archangelus M. Benivieni. Inzwischen hatte sich auch Papst Urban VIII. an den General gewandt, in Innsbruck wieder die observante religiöse Disziplin herzustellen. Und sofort erließ der General eine „Obödienz" an Benivieni und Vinzenzo M. Mellini nach Innsbruck.

Benivieni wurde Generalvikar und Prior, die Eremiten wurden von jenen Regeln dispensiert, die sie an einem konventuellen Leben hinderten (Fleischfasten etc.) und die Brüder wurden zu einem observanten Leben verpflichtet. Viele junge Brüder wurden in dieser Zeit geweiht – es begann eine Blütezeit der Deutschen Observanz.

Dieses Leben war gekennzeichnet von Abtötung, Armut und Beschaulichkeit. Noch im Juli 1624 übernahmen die Serviten Maria Waldrast, hatten in Innsbruck bald wieder die Wertschätzung wie vor der Krise. Teilweise aus adeligen Familien flossen dem Orden viele wertvolle Berufe zu.

Trotzdem gab es ein Misstrauen gegenüber allem „Konventualem", besonders aber gegenüber allem Nicht-Deutschsprachigem. So verweigerten die Brüder auf Maria Waldrast ihrem „italienischen" Prior Fr. Lello offen den Gehorsam, bis dieser resigniert 1625 nach Italien zurückkehrte.

Die Turbulenzen bei den Schwestern waren noch auf Barchi zurückzuführen, sie führten soweit, dass diese verlangten, unter die Jurisdiktion des Bischofs von Brixen gestellt zu werden. Benivieni brach nach einer Visitation bei den Schwestern zu einer Reise nach Prag auf.

Inzwischen beginnt die Angelegenheit zu brennen, Fr. Cherubim M. ist es letztlich zu verdanken, dass nach einem langen kanonischen Verfahren bis zur Rota die Schwestern unter der Jurisdiktion des Ordens bleiben.

1627 promulgiert Benivieni seine „Statutes und Regulationes der Observanz". Hier wird das observante Leben in der praktischen Organisation geregelt: das Offizium, Armut und brüderliche Liebe, Aufnahme von Gästen, Stillschweigen, Tischlesung und Tischdienst. Dieses Dokument ist eine Ergänzung der allgemeinen Konstitutionen und verpflichtet wie sie zum Gehorsam.

Dieses Leben hatte die Liebe zu Gott und religiöse Vollkommenheit zum Ziel, war streng und rigoros. Eine wichtige Rolle spielte dabei die zweimalige tägliche Gewissenserforschung (10.00 Uhr, 18.30 Uhr) und die Begleitung durch einen geistlichen Leiter, der gewöhnlich der wöchentliche Beichtvater war.

Sehr streng waren die Bußübungen, die die Seele „reinigen" sollten: An jedem Mittwoch, Freitag und Samstag wurde zum Fasten nur eine Mahlzeit aus drei Gängen serviert, normale hatten vier Gänge. Dazu das „reguläre" Fasten an allen Freitagen der Fastenzeit, Karfreitag, an den Vigilien der sieben höchsten Marienfeste und der Vigil des heiligen Philippus. An Dienstagen und Samstagen war die Flagellatio.

Die Zellen waren mit einem Bett mit Strohsack, einem Tisch und Stuhl spartanisch eingerichtet, dazu kam der raue Habit und das Maßhalten in allem.

Sehr streng gehalten wurde das Stillschweigen, das „große Stillschweigen" währte von 20.00 bis 6.00 Uhr. Ansonsten durfte außer in der Rekreation nur leise das Notwendigste gesprochen werden. Im Zentrum standen die Gelübde der Armut und des Gehorsams gegenüber dem Oberen wie gegenüber Gott.

Ein Großteil der Tagzeiten war dem Gebet gewidmet: im Chor mit dem Göttlichen Offizium und dem „Kleinen Offizium Unserer Lieben Frau", zweimal eine halbe Stunde Meditation, in die man bereits im Noviziat genau eingeführt wurde. Alles hatte eine tiefe marianische Note: die Teilnahme am Leiden Christi durch die Betrachtung der Schmerzen der Gottesmutter.

Schnelle Expansion

Ein Meilenstein war sicher die Wiedergründung von Prag 1626/ 1627. Zuerst kam Fr. Sostenus M. Alessandria mit einem Brief des Generals an den Kaiser nach Wien, in dem dieser bat, die alten Konvente der alten deutschen Provinz wiederzugründen. Diese Idee wurde auch von Papst Urban VIII., Erzherzog Leopold und dem Erzbischof von Prag unterstützt. Prinz Karl von Liechtenstein, Präfekt der Stadt, übertrug unserem Orden am 19. 9. 1626 den ruinösen Konvent, in dessen Kirche aber die Sonntagsmesse gelesen wurde. In der Tat war der Konvent „Maria Verkündigung" sehr desolat und Erzherzog Leopold gab den drei nach Prag reisenden Eremiten ein Schreiben mit, ihnen auch die benachbarte Kirche St. Michael zu übertragen. Der Kaiser gewährte diese Bitte am 30. 3. 1627 mit einer mondänen Unterstützung und am Karsamstag übernahm unser Orden Kirchen und Konvent. Fr. Sosteneus M., der hier eher ein konventuelles Leben fördern wollte, wurde 1628 von Benivieni auch als Generalvikar von Böhmen abgelöst. Dieser war von allem Anfang an darauf bedacht, das Leben der Observanz wie in Innsbruck einzuführen. Der Erzbischof wollte aber Fr. Sosteneus M. als Renovator der Kirche „Unsere Liebe Frau vom Siege" behalten. Jedenfalls verlangte die oben erwähnte Schwesternkrise die Rückkehr Benivienis 1629 nach Innsbruck, Fr. Cherubim M. wechselte als Prior nach Prag. Er baute das Priorat dort auf und aus. Wichtiger war aber ein 1631 vom Kaiser unterstützter Brief, mit dem alle „konventuellen" Serviten aus Böhmen zurückgeschickt wurden. Gleichzeitig verpflichteten sich die drei Konvente Innsbruck, Maria Waldrast und Prag neu auf die Observanz der Sr. Anna Juliana und der „Statutes" von 1627.

Was das damalige Selbstverständnis betrifft, ist die unterschiedliche Sichtweise interessant: Während beispielsweise O'Daly von einer Reformbewegung für den gesamten Orden spricht, lauten die Briefe des Generals immer nur auf den Orden der Diener der seligsten Jungfrau Maria.

1633 wendet sich die in Innsbruck tagende Brüderversammlung mit der Bitte an das Generalkapitel in Rom, als Provinz anerkannt zu werden und nach eigenen Vorstellungen leben zu können, die nicht im Widerspruch zu den allgemeinen Konstitutionen stehen.

In einem Brief 1634 teilt General Bussotti mit, dass das Generalkapitel die Gründungen in Tirol und Böhmen als Provinz konstituiert, die Statuten und Observanzen approbiert, sofern sie nicht im Widerspruch zum Orden stehen. Allerdings wird noch nicht erlaubt, einen Provinzial zu wählen, es darf aber neben dem Generalvikar ein „Vokalis" (Delegierter) entsandt werden.

Diese Vergünstigungen beschleunigten die weitere Ausbreitung wesentlich: 1633 konnte man nach der Belagerung durch das protestantische Heer Gustav Adolfs wieder nach Prag zurück, 1635 übernahm man, nach Befürwortung durch Erzherzogin Claudia Medici, Maria Luggau, 1637 die Kirche am Kreuzberg in Bonn.

Keine Stiftung, sondern eine Eigengründung war Wien: Bereits 1625 und 1634 hatte sich Giuseppe Suarez als Generalvikar von Österreich und Böhmen, allerdings ohne Erfolg, am Kaiserhof um eine Gründung bemüht. 1638 sandte der neue Generalvikar Benivieni Fr. Cherubim M. O'Daly nach Wien. Über die Kaiserin erwirkte er bei Kaiser Ferdinand III. die Erlaubnis, in der damaligen Vorstadt Roßau einen Konvent zu errichten. 1639 kaufte er eine Villa und errichtete dort ein Kreuz, wo später die Kirche „Maria Verkündigung" errichtet werden sollte. Über lange Zeit wurde dieser Konvent Ort einer fruchtbaren und engen Zusammenarbeit mit dem Kaiserhof.

1640–1641 führten wundersame Ereignisse zur hohen Wertschätzung der Serviten in Wien. Erst wurde der Thronerbe Ferdinand IV., dann sein jüngerer Bruder durch das Auflegen des Sieben-Schmerzen-Skapuliers geheilt. Dadurch wurde die Kaiserin bewegt, Mitglied des III. Ordens zu werden – und sie wurde eine große Wohltäterin der Serviten.

Ein wichtiger Schritt im Wachstum der Observanz war zweifellos die Einrichtung einer internen philosophischen und theologischen Hauslehranstalt ab 1636 zuerst in Innsbruck. Initiator war Fr. Ignatius Erndlin, der bereits 1620, als Jesuit Professor in

Ingolstadt, die ersten Kleriker unterrichtet hatte. 1634 in unseren Orden übergetreten, präsentierte er 1635 den Oberen ein Konzept, mit dem er sie vom Vorteil der Hauslehranstalt überzeugen konnte. Seinem Plan wurde stattgegeben.

Als General Bussotti im selben Jahr die Konvente besuchte, war er in Innsbruck sehr beeindruckt von den hier abgehaltenen öffentlichen „Disputationes". Nach Prag weitergereist, nahm er dort mit der Jesuitenfakultät Kontakt auf. Tief beeindruckt und begeistert vom Talent des Fr. Angelus M. Fieger, nahm er diesen nach Innsbruck mit, wo dieser erster Professor für Theologie und Präsident des philosophisch-theologischen Hausstudiums wurde. Mit Erndlin baute Fieger eine glänzende Schule auf, die für lange Jahre für die Observanz von großer Fruchtbarkeit war.

Beide waren es auch, die eine „Ratio" für Novizenmeister und eine solche für die Novizen veröffentlichten, die beim Provinzkapitel 1639 angenommen wurden. Damit wurde nicht nur die erste Ausbildung in allen Häusern vereinheitlicht, die Observanz konnte auch ihre Prinzipien und Ideale klären und evaluieren. Die beiden Bücher waren die ersten ihrer Art überhaupt im Orden.

Das hohe kulturelle und wissenschaftliche Niveau zeitigte bald auch andere Früchte: So veröffentlichte Erndlin 1634 seine „Oratio Mentalis" (Meditation), ein hervorragendes Spiegelbild der Spiritualität seiner Zeit, 1644 folgte Fr. Cherubim M. O'Dalys „Leben des heiligen Philippus Benitius".

Durch intensives Studium und strenges, observantes Leben wurden die Brüder zu hervorragenden geistlichen Begleitern der Gläubigen. Sie sahen ihre vorrangige Berufung im Gottesdienst, im Gebet, dessen Folge der Dienst am Menschen war. Wie im gesamten Orden zu dieser Zeit gab es eine intensive Verehrung der Schmerzensmutter. An allen Kirchen wurden Sieben-Schmerzen-Bruderschaften gegründet, denen viele Adelige, allen voran die Kaiserin selbst, beitraten.

Wo eine solche Bruderschaft war, wurde an einem Samstag im Monat eine festliche Prozession abgehalten. 1662 beschloss das Provinzkapitel, dass in jeder Kirche einmal im Monat der Sieben-Schmerzen-Rosenkranz gebetet werden sollte. Großer Wert wurde auf die Predigten gelegt und ab 1665 ernannte der Provinzial an jeder Kirche einen Prediger. Die Liturgie war sehr gut vorbereitet und feierlich, was viele Gläubige anzog. Sehr gut vorbereitet waren auch die Beichtväter, weil mit diesem Apostolat die Serviten großen Einfluss ausübten.

Innere Konsolidierung bis zur päpstlichen Approbation 1668

Ein wesentlicher Schritt war die Übernahme von Maria Langegg und Maria Loretto 1644. In dieser Zeit wurden auch die anderen Häuser verbessert und erweitert. Maria Waldrast konnte seine Größe verdoppeln und durch ein Legat Leopolds einen Waldbesitz erwerben. Maria Luggau wurde ausgebaut, obwohl während des Dreißigjährigen Krieges wenig Baugeld da war.

1633 wurde die Observanz als Provinz errichtet, aber erst das Generalkapitel 1646 erlaubte die Wahl eines eigenen Provinzials. Dies geschah dann auch 1647, als Fr. Angelus M. Fieger zum ersten Provinzial gewählt wurde.

Die Ernennung des Generalvikars – es blieb Benivieni – behielt sich der General vor.

Auch im Innenleben gab es stetes Wachstum, vor allem viele Berufe. Die Gemeinschaften hatten genug Brüder, denn im Unterschied zu heute trat ein Kandidat nicht in eine Provinz, sondern in einen Konvent ein. Das fruchtbare Apostolat baute dabei auf der Selbst-Vervollkommnung des Bruders auf. Überdies hatte bereits Erndlin die Unverzichtbarkeit des Studiums für das observante Leben betont. Die Hauslehranstalten wirkten sich segensvoll aus. Außerdem war ein profundes Studium auch für die Katholische Reform wichtig und brachte größere Unterstützung vom Hof.

Kandidaten mussten einen Einführungskurs absolvieren, bevor sie aufgenommen wurden, Weihekandidaten sich einer rigorosen Prüfung unterziehen. Da es in der Observanz überhaupt untersagt war, Titel zu führen, wurde der Grad des Lektors erst nach zehn Jahren Lehrtätigkeit verliehen. Diese hatten auch eine Stimme beim Provinzkapitel. Ab 1659 konnten nur noch jene in höhere Ämter berufen werden, die zumindest drei Jahre scholastische Theologie studiert hatten.

Studium und Lehrtätigkeit waren dabei nie von der Gemeinschaft isoliert: So legt ein Dekret 1637 fest, dass jeder Student drei Vorlesungen während eines scholastischen Jahres vor der

Gemeinschaft im Refektorium halten musste. Jeder Lektor hatte jedes Jahr eine Disputation (Innsbruck und Wien) mit einem auswärtigen Professor als Opponenten zu bestreiten. Gewöhnlich fanden diese vor der Gemeinschaft und Interessierten in der Kirche statt.

General Bussotti hatte die zweimal wöchentlichen Casus-Konferenzen für die Weiterbildung der Beichtväter eingeführt. Gelehrt wurde scholastische und spekulative Theologie, ergänzt von Kirchenrecht und Moraltheologie für die jungen Priester.

Eine unverzichtbare Hilfe waren dabei die seit der Gründung angelegten und stets erweiterten Bibliotheken, besonders in Innsbruck, Wien, Maria Waldrast und Maria Langegg. Wesentlich dafür waren die Widmungen von Wohltätern.

Herausragende Gestalt dieser Zeit in scholastischer Theologie war Fr. Hyacinthus M. Grandl, seit 1646 Regens Studiorum, der 1665 als erster Professor der Observanz an das Kollegium Gandavense nach San Marcello berufen wurde. Fr. Angelus M. Fieger wurde nach seinem Provinzialat Prior auf Maria Waldrast. Vor seinem Tod 1651 veröffentlichte er noch ein weit verbreitetes Werk volkstümlicher Spiritualität.

Der Westfälische Friede von 1648 schaffte optimale Rahmenbedingungen für die weitere Entwicklung. 1650 wurde der Grundstein zum Bau der Kirchen in Wien und Maria Loretto gelegt. Mit der in Maria Langegg wurde begonnen.

Die Situation bewog die Provinz 1652 vom Generalkapitel die vollen Provinzrechte zu erbitten. Diese wurden der Observanz auch gewährt und ihr gestattet, mit dem Generalvikar vier Delegierte zum Generalkapitel zu entsenden. Generalvikar Benivienis Leben selbst war ausgeschöpft. Er starb am 30. Dezember 1657 in Innsbruck. Eine Lücke, die nur schwer zu schließen war, war er doch ein Mann mit großem Profil, total der Observanz verschrieben, ein idealer Oberer.

Interimistisch ernannte General Enrico M. Borgo Provinzial Denis Öttl zum Generalvikar. Durch die interimistische Ernennung verunsichert, arbeiteten die Mitbrüder 1658 ein Konzept aus, wonach der Generalvikar vom Provinzkonsilium und den Prioren vorgeschlagen und dann vom Kardinalprotektor und General ernannt werden sollte. Man hatte Angst, die Kurie könnte einen italienischen Generalvikar ernennen, um die Observanz auf Gleichschritt mit dem Orden zu bringen. Um dies um jeden Preis zu verhindern, intervenierte man beim Kaiser und beim Kardinal-Erzbischof von Wien.

Angesichts dieser Entwicklungen kam General Callisto M. Puccinelli 1659 zum Provinzkapitel nach Innsbruck und ernannte den neu gewählten Provinzial Bernhard M. Wenzl zum Generalvikar (1659–1683). Dieser General begrüßte und förderte die Observanz, sodass diese bis zu seiner Ernennung zum Erzbischof von Urbino 1666 nichts zu fürchten hatten. Unter seinem Nachfolger, Ludovico M. Giustiniani, richtete man ein Schreiben an den Kaiser, dieser möge sich mit der Bitte der päpstlichen Anerkennung an den Papst werden. Der Kaiser übergab die Angelegenheit seinem römischen Prokurator Kardinal Haas.

Von der Approbation bis zur ersten Teilung 1714

Mit der Bulle „Ex commissi" vom 13. 10. 1668 approbierte Clemens IX. die Observanz. Damit war ein zweifacher Richtungsstreit entschieden: Einerseits konnte sie sich nicht mehr vom Orden abspalten, andererseits konnte sie der Orden nicht verwerfen. Die Observanz wurde als „eigene Form" des servitanischen Lebens anerkannt. 1668 lebten in den neun Konventen 98 Priester, über 20 Brüder, 22 Kleriker.

Bis zur Teilung der Observanz in eine Tirol-Österreichische und eine Böhmische Provinz 1714, fand die größte Expansion statt. 14 Konvente wurden gegründet: vier in Böhmen, einer in Istrien, drei in Ungarn, einer in der Steiermark, einer in Kärnten, zwei in Niederösterreich, einer in Tirol. Der Orden konnte sich größter Förderung durch Kaiser Leopold I. (1658–1705) erfreuen. Die meisten Gründungen, Marienwallfahrtsorte wa,ren adelige Stiftungen. So stiftete Staatssekretär Christoph Abele 1677 Fronleiten, Prinz Eszterhazy 1695 Pfarre und Konvent Forchtenstein. 1678 wurde auch die Wiener Kirche vollendet. Der Konvent wurde aber bereits 1683 von der 2. Türkenbelagerung heimgesucht, von den 14 Brüdern wurden zwei ermordet. Doch nach einem Jahr waren die sonstigen Schäden wieder behoben.

Hohe Kriegssteuern behinderten nach 1683 größere Investitionen.

Neben Innsbruck wurde 1679, sehr gefördert durch Baron Christoph Abele, Wien zu einem zweiten Studienzentrum. Erster Lektor war Fr. Ludovicus M. Manikor, der 1680 hier zwölf Studenten unterrichtete.

Ab 1683 gab es neuerlich eine Differenz mit dem Klausurkloster „Maria Opferung" in Innsbruck. Die Schwestern wollten diesmal unter die Jurisdiktion der Jesuiten. Die Affäre zog sich bis 1699, ehe der Generalsuperior der Jesuiten gegenüber General Poggi erklärte, auf alle geistlichen und rechtlichen Angelegenheiten bezüglich der Schwestern zu verzichten.

In dieser Zeit wurde auch die Verbindung mit den jeweiligen Generälen vertrauter und besser. Fast jeder besuchte die Observanz, am eingehendsten Francesco M. Poggi 1693.

Von Anfang an hatte sich der General die Ernennung seines Vikars für die Observanz vorbehalten. Er war sein Repräsentant und Informant. Die Observanz hatte damit zwei höhere Obere, den Generalvikar und den Provinzial, was mitunter zu Konflikten führte. 1683, nach dem Tod von Bernhard M. Wenzl wurde Hippolytus M. Beham Generalvikar. Auf eine Bitte der Observanz entschied General Arrighetti 1687, dass immer der Provinzial Generalvikar sein sollte. Dies gab der Observanz die gewünschte Autonomie, da ja der Provinzial vom Provinzkapitel gewählt wurde.

Ein weiterer Meilenstein waren die eigenen Konstitutionen, die alle Direktiven des observanten Lebens enthielten, die 1708 vom Generalkapitel angenommen und im Jahr darauf von Clemens XI. approbiert wurden. Das rapide Wachstum führte zu Konflikten in der Autoritätsfrage. Auch sank das Niveau des observanten Lebens. Die Aufnahmekriterien wurden erleichtert, um möglichst viele Brüder für die zahlreichen Gemeinschaften zu erhalten. Trotzdem gab es in dieser Zeit viele heiligmäßige Gestalten wie Bernhard M. Wenzl, Simeon Vintschger, Ludovikus M. Manikor, Michael Schiess.

1706 gehörten zur Observanz 168 Priester, 72 Brüder, 36 Kleriker, 13 Novizen in 18 Konventen. Die Kleriker studierten in Innsbruck, Maria Waldrast, Prag und Wien, die Novizen waren in Maria Luggau und Jaromeritz. Die größten Gemeinschaften waren Innsbruck und Wien mit je 32 Mitbrüdern.

Aufgrund der großen Distanzen innerhalb der Observanz war die Kommunikation schwierig und es für einen Oberen sehr mühevoll, regelmäßigen Kontakt zu allen Gemeinschaften zu halten. So wurde bereits 1633 die Teilung in eine böhmische und eine Tiroler Provinz ins Auge gefasst. Doch diese trat erst am 9. 2. 1714 in Kraft.

Am 10. Mai hielt die böhmische Provinz in Gratzen ihr erstes Provinzkapitel ab. Neun Konvente gehörten ihr nunmehr an. Mit Fr. Wilhelm M. Löhrer wurde eines der exponiertesten Mitglieder der Observanz zum ersten Provinzial gewählt. Im selben Sommer hielt auch die Tiroler Provinz ihr erstes Kapitel ab. Ihr gehörten nunmehr 15 Konvente an. Am 1. März 1715 bestätigte General Antonio Castelli die Teilung und ernannte Romualdus M. Hüber zum Generalvikar beider Provinzen.

Die Entwicklung bis 1780

Nach der Teilung wurde das Amt des Generalvikars bald zum Zankapfel zwischen beiden Provinzen. Da gerade auch eine Revision der Kostitutionen anstand, versuchte jede Provinz ihre Interessen durchzusetzen. Die revidierten Konstitutionen von 1724 gestanden nunmehr jeder der Provinzen einen eigenen Generalvikar zu, der mit dem Provinzial identisch war. In Böhmen war dies Wilhelm Löhrer, in Tirol Rupert M. Gapp.

1727 approbierte Benedikt XIII. die Konstitutionen, die noch im selben Jahr veröffentlicht wurden und eine konsolidierende Phase der Entwicklung einleiteten.

Besonders zeigte sich dies in der Entwicklung philosophisch-theologischer Studien, die einige namhafte Lehrer hervorbrachten.

Die spekulative Theologie war am absteigenden Ast, weil sie weder die Herausforderung mit dem Rationalismus noch die Auseinandersetzung mit dem Jansenismus bestand. Positive und historische Theologie wurden nun die „Waffen" katholischer Theologen, getragen von der Schrift. Daneben gab es noch scholastische Theologie. Gemäß den Konstitutionen wurde in der Observanz Theologie nach Thomas von Aquin oder Heinrich von Ghent gelehrt, außerdem spekulative Theologie, die sich für die Zukunft allerdings als unzureichend erwies.

Das 13. Kapitel der Konstitutionen betonte die Wichtigkeit der Studien. Nur die im Studium Erfolgreichen konnten Lektoren, Prediger werden oder in die höheren Provinzämter berufen werden. In öffentlichen Disputationen konnten sich junge Brüder profilieren. Die angehenden Beichtväter mussten neben einer vollen moraltheologischen Ausbildung sich rigoroser Prüfungen unterziehen.

Die Bibliotheken waren bestens ausgestattet und wurden laufend aktualisiert, die in Wien war überhaupt eine der besten ihrer Zeit. Regens Studiorum war der Generalvikar, weshalb meistens ein Lektor in dieses Amt berufen wurde. Um 1720 erschienen auch die ersten philosophisch-theologischen Werke berühmter Theologen der Observanz: ein erster, herausragender von ihnen war Fr. Cäsarius M. Shguanin (1692–1769), erst Lektor in St. Josef in Innsbruck (1724–1729), ehe er Beichtvater der Münchener Klausurschwestern wurde. Dann übersiedelte er 1734 nach Rom, wo er den Rest seines Lebens wirkte. Seine Werke in Moraltheologie, in denen er den Probabilismus ablehnte, und im Kirchenrecht, wo er die kirchlichen Benefizien verteidigte (1752), fanden höchste Anerkennung und weiteste Verbreitung. Seine Werke wiesen auch einen hohen didaktischen Standard auf. Bereits in seiner Münchener Zeit hatte er zahlreiche volkstümliche Moralbücher in Deutsch veröffentlicht.

Fr. Amideus M. Markel (1697–1760) legte in Wien eine zweibändige Theologie „Tuba magna" vor, die 1739 in Augsburg veröffentlicht wurde. Sein Temperament verhinderte, dass er höhere Provinzämter bekleiden konnte, er war aber ein hochgeachteter Lehrer. Sehr gern war er als Prediger gehört, einige seiner Predigten wurden auch gedruckt. Überdies schrieb er drei Bücher über marianische und servitanische Askese sowie eine Ordensgeschichte „Speculum virtutis et scientiae", ein Werk, das ganze Generationen prägte.

Ein universaler Name in der Moraltheologie war Fr. Marcus M. Struggl (1702–1760). In Wien war er ein glühender Lehrer, seine Theologie ist scholastisch und spekulativ in Wesen und Stil. Seine „Theologia Universa" war ein Handbuch, mehr auf philosophisch-scholastischen als auf biblischen Fundamenten aufbauend. Das Werk, mit dem er weitum bekannt wurde, ist seine „Theologia Moralis", 1751 in Linz herausgegeben. Drei Jahre hatte er an diesem großen Werk gearbeitet und es wurde 1758 auch in Ferrara aufgelegt.

Diese beiden begründeten zusammen mit Fr. Bertholdus M. Ermblich den hervorragenden Ruf der Wiener Hauslehranstalt, die in engstem Kontakt mit den Jesuiten stand.

Nicht vergessen werden darf Fr. Wilhelm M. Löhrer (1666– 1750), nicht nur Oberer in Böhmen nach der Teilung, sondern auch ein Mann großer Heiligkeit, ein profilierter Schriftsteller und Lehrer. Sein bedingungsloses Festhalten am Thomismus machte ihn in Prag fast zu einer kontroversen Figur. In den späten Jahren diente er den adeligen Familien Spörk und Schertz als Hauskaplan, wo er für das Hauspersonal täglich geistliche Zusammenkünfte leitete. Damit begründete er so etwas wie Laienexerzitien. Überdies veröffentlichte er 20 Werke in Theologie und Spiritualität.

Aufgrund geringer Quellen wissen wir nur wenig über die Observanz in Böhmen in den folgenden Jahrzehnten. Indes gab es hier zahlreiche profilierte und geistliche Mitbrüder, die viel veröffentlichten. Denselben guten Ruf wie Innsbruck und Wien hatte die Hauslehranstalt in St. Michael-Prag durch ihre Disputationen und Dissertationen. Profilierte Theologen waren Fr. Angelicus M. Perzina und Theodor M. Rupprecht (1717–1763), der ein Kirchenrecht in drei Bänden herausgab, welches auch 1764 in Wien und 1784 in Köln aufgelegt wurde, also weite Verbreitung fand. Auch wenn der Fortgang der böhmischen Provinz weitgehend autonom verlief, verlief er doch entlang den Linien der Observanz.

Darüber hinaus widmeten sich die Brüder immer asketischen und hagiografischen Veröffentlichungen. Neben ihrer Theologie taten dies bereits ab 1720 Shguanin, Markel und Löhrer. Die geistlichen Bücher wandten sich mehr an eine breite, volkstümliche Leserschaft, es waren Predigten und Impulse. Hierfür stehen auch Simphorianus M. Holzer und Romualdus M. Hüber. Meistens waren es herausragende Prediger.

Die Brüder waren aber auch hervorragende Organisatoren und Administratoren: Dies ist aus der Führung ihrer Bücher und Chroniken zu ersehen. Die Ämter waren in den Konstitutionen genau beschrieben. Alles Geschriebene musste bei der jährlichen Visitation den Oberen vorgelegt werden.

In den drei Jahrzehnten nach der Teilung wurden vier weitere Konvente, einer davon in Böhmen, gegründet. Die Tirol-Österreichische Provinz hatte nunmehr 18 Konvente in Tirol, Niederösterreich, Wien, Ungarn, Steiermark und Kärnten. 1734 waren in den Tiroler Konventen 74, in den Österreichischen 120 Mitbrüder. Nach drei Jahre dauernden Debatten und Intrigen ordnete 1737 der General an, dass die Ämter des Provinzials und des Sozius alternierend von einem Tiroler und einem österreichischen Mitbruder besetzt werden sollten. Dies sollte beiden Teilen relative Autonomie gewähren. Clemens XII. und Karl VI. bestätigten diese Regelung. Das Amt des Generalvikars wurde in dieser Zeit von sehr profilierten Mitbrüdern ausgeübt: Romuald M. Hüber (1728–1735), Simphorianus M. Holzer (1735–1738), Berthold M. Ermblich (bis 1750), Ferdinand M. Grassmayr (bis 1752) und Marcus M. Struggl.

Die Spannungen zwischen beiden Provinzen und die Autonomien, die beide bereits genossen, führten 1756 zu einer weiteren Teilung der Deutschen Observanz in die Tiroler und Österreichisch-Ungarische Provinz.

· Österreich/Ungarn: 11 Konvente, 134 Priester,
  55 Brüder, 18 Kleriker;
· Tirol: 7 Konvente, 88 Priester, 31 Brüder und
  17 Kleriker.

In der Österreichisch-Ungarischen Provinz wurden keine weiteren Niederlassungen gegründet. Die Begleitung der vielen Gläubigen in den Kirchen und Wallfahrtsorten ließen den Brüdern wenig Zeit für theologische und asketische Veröffentlichungen. Die Provinz musste viele Schwierigkeiten und Härten, besonders finanzielle meistern.

In Tirol indes ging die Blüte der Deutschen Observanz ungebrochen weiter: Ab der Teilung, von 1756 bis 1766, war die Zahl der Mitbrüder von 136 auf 161 angewachsen, darunter viele bedeutende Philosophen und Theologen, hagiografische, asketische und homiletische Schriftsteller. Ihre Blüte erlebte die Innsbrucker Hauslehranstalt ebenfalls zwischen 1740 und 1767.

Eine der schillernsten Figuren war Fr. Gabriel M. Schenck (1713–1789), Professor, bis er 1756 Sozius wurde. Lange war er Regens Studiorum, Klerikermagister, für die geistliche und persönliche Begleitung der Studenten zuständig. Schenck unterrichtete Hebräisch, Dogmatik, spekulative Theologie, war sehr gebildet in säkularer und theologischer Literatur.

Von ihm ist kein größeres theologisches Werk überliefert, wohl aber 13 Dissertationen, die seine Studenten in der Kirche in Disputationen verteidigten. Man beschäftigte sich hierin mit aktuellen Fragen wie Konziliarismus, eucharistische Gegenwart, Schriftauslegung. Die theologische Lehranstalt bei den Serviten hatte in Innsbruck einen guten Ruf.

Einer seiner Kollegen und Schüler war Alexius M. Planch (1726–1774). Nach der Lehrtätigkeit in Philosophie war er Hauptlektor in Theologie bis 1767. Unter seinen ersten fünf Werken findet sich „Vitae beatae Mariae Virginis", ein Marienleben in 62 Kapiteln, vor allem auf der Schrift aufbauend. 1672 begann er mit einer dreibändigen Theologie, ein Werk, das unterbrochen wurde, weil Heilige Schrift als neues Studienfach eingeführt wurde, und er dessen erster Lektor in Innsbruck war. Dieser Bibelkurs war durch kaiserliches Dekret verordnet – Morgendämmerung des Josefinismus.

1770 regte der neue Ordensgeneral Francesco Raimondo M. Adami bei seinem Generalvikar Zacharias M. Rathgeb an, Planch für die Vollendung seiner „Theologia Universa" freizustellen. Doch er konnte 1774 die Veröffentlichung seines achtbändigen Werkes nicht mehr erleben. Das große Werk hat einen klaren Aufbau: Schrift, Konzile, päpstliches Lehramt, Kirchenväter und Theologen, rationale Argumente.

Ab 1755 war Moraltheologie ein eigenes Fach in der Observanz. Jedes Jahr wurde ein Lektor vom Generalvikar ernannt. Unterrichtet wurde sie in Maria Waldrast und Maria Luggau. 1764 betont ein Dekret deren Wichtigkeit: für die wöchentlichen Casuskonferenzen, Predigt und Katechese. Besonders die jungen Priester mussten sich für den Beichtdienst einer strengen jährlichen Prüfung unterziehen.

In dieser Zeit hatte die Observanz große Generalvikare:
- Johann Nepomuk M. Giener (1756–1766);
- Zacharias M. Rathgeb (1766–1774);
- Gabriel M. Schenck (1713–1789);
- Guidowaldus M. Mayr bis 1781, als das Amt durch ein Dekret Josefs II. abgeschafft wurde.

Anschließend war der heiligmäßige Chrysologus M. Greimbl (1729–1804) alleiniger Oberer. Er war ein hervorragender Lektor, Regens Studiorum, asketischer Schriftsteller. Seine „Schola Novitiorum" hatte nachhaltigen Einfluss bis in unsere Tage. Berühmt sind auch seine Predigten zu Ehren der Schmerzensmutter in zwei Bänden. Dazu kommen zahlreiche hagiografische Werke wie zwei philosophische Bücher.

1769, unter Maria Theresia, erreichte die Observanz mit Gradisca und Duino in Julisch-Venetien ihre südlichste Ausdehnung. Auch die Aufklärung hatte ihren Einfluss auf das Leben der Observanz. Es gab keine blinde Unterordnung mehr, die Oberen mussten den rationalen Diskurs suchen.

Gut konnte man dies aus der Affäre um Fr. Karl M. Güntherod sehen: aus adeliger Familie, trat er 1758 in Innsbruck in den Orden ein. Von großer Begabung, wurde er 1762 in Brixen zum Priester geweiht. Ab 1770 war er Lektor der Dogmatik und Regens Studiorum. Auch General Adami zeichnete ihn wegen seiner überragenden Arbeiten in historisch-kritischer Theologie aus. 1773 wurde er Doktor an der Innsbrucker Universität. Weil in diesem Jahr der Jesuitenorden aufgehoben worden war, wurde ihm ein Lehrstuhl angetragen. Doch dies stieß zunächst auf das Hindernis, dass in der Observanz die Annahme akademischer Grade und Professuren untersagt war.

In große Schwierigkeiten brachte er Generalvikar Schenck, als er in einer Dissertation die These des Konziliarismus vertrat und diese in einer öffentlichen Disputation vertreten wollte. Schenck schreibt in seinem Tagebuch: „Ich wollte Fr. Karl unbedingt von diesem Vorhaben abbringen, aber er wurde darin von anderen Professoren der Universität bestärkt. Ich wollte die Sache diskret lösen, jedoch ohne Erfolg. Ich fürchtete, an den Kaiserhof zitiert zu werden. Die Sache hinterließ eine tiefe

Wunde in meinem Herzen." 1778 entzog ihm schließlich der Generalvikar die Lehrbefugnis im Haus.

1779 promovierte ihn die Universität zum Doktor und verlieh ihm den Lehrstuhl für Kirchengeschichte. 1783 verließ er den Lehrstuhl wieder und kehrte auf kaiserliche Anordnung ins Kloster zurück.

Josefinismus und Aufhebungen (1780–1810)

In diesen Jahren wurde der Zugriff des Hofes auf kirchliche Belange immer drückender: So ordnete ein Dekret 1767 an, dass alle Bücher vor der Veröffentlichung der staatlichen Zensur vorgelegt werden müssen. Die Hausstudien mussten denen der Wiener Universität angepasst und die Studienpläne der Regierung vorgelegt werden. Jede Provinz durfte nur noch ein Studienhaus in Wien wegen leichterer Inspizierbarkeit durch die dortige Universität haben. Die Generäle empfahlen, die Dekrete zu erfüllen, um keine Konflikte zu erzeugen. Den Wiener Brüdern schien dies leichter als den Tirolern gefallen zu sein. Von 1782–1783 erhielt der Tiroler Provinzial elf kaiserliche Dekrete.

1783 begann sich die Lage zuzuspitzen: Kaiserliche Dekrete hoben erst die Exemption auf, regelten genau den erlaubten Schriftverkehr zwischen Provinzial und General und unterstellten die Priester praktisch dem Brixener Ordinariat. Der dortige Bischof unterstützte Josef II. voll und erließ 17 Dekrete an den Provinzial. Beim Hl. Stuhl erbetene Ablässe bedurften erst der Genehmigung des Bischofs, für Mißachtung der Dekrete gab es einen Strafkatalog. Am schwersten trafen jene Dekrete, die 1783 die Schließung einiger Konvente, die Umwandlung von Kloster- in Pfarrkirchen betrafen. Überdies war die Kommunikation zwischen den Konventen unterbunden, die Observanz faktisch verboten.

Am 30. 3. 1783 wurden alle Hauslehranstalten geschlossen und in der Monarchie fünf Generalseminare errichtet: Wien, Innsbruck, Prag, Freiburg i. Breisgau und Olmütz. Unsere Studenten besuchten das Seminar der Franziskaner in Innsbruck. Sie mussten am Seminar wohnen, einheitliche Klerikertracht tragen und die Bärte rasieren. Die Studienkosten trug die Provinz. 1790 wurde dieses Dekret widerrufen, Hauslehranstalten, freilich in engster Anlehnung an die Universität, wieder erlaubt. In der Observanz wurden solche erst 1826 wieder eingeführt.

In Wien gab es 1782/83 noch ein intensives Studienjahr: zwölf Kleriker, zwei Priester, die Moral- und Pastoraltheologie studierten, sechs Lektoren. Ab 1. November gingen die Studenten an die Universität, was dem Provinzial durch ein Dekret eingeschärft wurde. 1784 studierten alle an der Universität, ehe die sechs ungarischen Kleriker an das Generalseminar in Eger zurückgingen. Unsere Studenten mussten den Weltpriestertalar tragen.

Nach der Rücknahme des Dekretes bekamen vier Brüder wieder die Erlaubnis, verschiedene Fächer hausintern zu unterrichten. Es gab wenige Studenten; im Jahr 1803 zwei Kleriker, die von drei Lektoren begleitet wurden.

Am schwersten von den josefinischen Restriktionen war die böhmische Provinz betroffen. Die Schließung der Mehrzahl der Konvente war lebensbedrohend für die Provinz. St. Michael überlebte bis 1786, Bonn, das zur böhmischen Provinz gehörte, bis 1802. Grulich wurde 1883 den Redemptoristen übergeben, Gratzen 1886 der Tiroler Provinz.

Auch wenn es noch die eigenen Konstitutionen gab, hatte, besonders durch die josefinischen Interventionen, das Leben der Observanz großen Schaden genommen. Auch die Generalkurie in Rom konnte daran wenig ändern. Groß war aber immer die Angst, als integraler Teil des Ordens gesehen zu werden. Von Rom wurde das eigenständige Leben indes immer mit Wertschätzung anerkannt. Als ein Problem erwies sich jetzt die Teilung in drei Provinzen (1714, 1756), die die Einheit schwächte und es zur Gewohnheit werden ließ, dass jede Provinz in Rom oder am Kaiserhof ihre eigenen Interessen verfocht.

Im 19. Jahrhundert unterschied die Brüder nur noch ein strengeres Leben vom übrigen Orden, auch in äußeren Zeichen: Bart, Habit (kleinere Kapuze), Chorrezitation, marianische Zeremonien gab es Unterschiede. Tirol und Österreich-Ungarn entwickelten sich immer mehr auseinander.

Mit Albiun M. Patscheider (1853–1859) stellte Tirol erstmals den Ordensgeneral. Er war ein Mann großer Bildung, Weisheit und Heiligkeit. Eine andere herausragende Gestalt war Magnus M. Perzager, der viele geistliche Werke veröffentlicht hat und 1877 im Rufe der Heiligkeit starb.

Die 1907 veröffentlichten Konstitutionen hoben die Observanz auf und durch ein Dekret des Generalkonsiliums vom 29. 1. 1909 wurden diese Aufhebungen explizit auch für die beiden ehemaligen Provinzen der Observanz vorgeschrieben.

Luke M. Foster: „Das ist zwar das juridische Ende der Observanz, nicht aber das einer großen Idee".

Die Tagesordnung in der Observanz

23.45 Aufstehen
24.00 Matutin, Laudes, Totengedenken, Meditation (30 Minuten)
2.00 Licht aus, Stillschweigen
5.30 Aufstehen
6.00 Prim und Terz, Prim, Terz, Sext und Non des marianischen Offiziums, persönliche geistliche Lesung bis zur Konvent- oder Privatmesse
7.00 Konventmesse für alle; Sext, Non; Orationen für den Papst, General und Orden
10.00 Partikular-Examen (10.30 an Festen), gefolgt von den fünf Psalmen der Corona
10.15 Mittagessen (11.00 an Festen), gefolgt von 30 Minuten Rekreation
11.30 Glocke des Stillschweigens: Studium oder andere Aktivitäten
13.45 Vesper und Komplet Unserer Lieben Frau
14.00 Vesper
14.10 Studium, Arbeit oder Rekreation
16.00 Vigil der seligsten Jungfrau (Benedicta Tu), Komplet, verschiedene Gebete
Dann segnete der Hebdomadar jeden mit Weihwasser;
O sacrum convivium,
Meditation (30 Minuten);
Matutin und Laudes des marianischen Offiziums,
Prozession zum Schmerzensaltar, Salve Regina und Litaneien
17.30 Abendessen
18.00 Rekreation für 30 Minuten
19.30 Generalexamen
20.00 Nachtruhe.

Die Entwicklung der Konvente

1. Gründungen der Tiroler Provinz vor der 1. Teilung (1714)
1612 Innsbruck (Tirol)
1624 Maria Waldrast (Tirol), aufgehoben 1785, wiedererrichtet 1844
1627 St. Michael-Prag (Böhmen) aufgehoben 1786
1635 Maria Luggau (Tirol)
1637 Bonn (Böhmen) aufgehoben 1802
1639 Wien (Austria)
1644 Maria Loretto (Austria) aufgehoben 1787
1644 Maria Langegg (Austria)
1666 Schönbühel (Austria)
1669 Prag, Maria Verkündigung aufgehoben 1783 (Böhmen)
1671 Rabenstein (Böhmen) aufgehoben 1782
1675 Gutenstein (Austria)
1675 Jaromeritz (Böhmen) aufgehoben 1783
1677 Gratzen (Böhmen) 1886 der Tiroler Provinz übergeben
1677 Frohnleiten (Tirol)
1689 Pest (Austria)
1692 Volders (Tirol)
1693 Eger (Austria)
1693 Maria Jeutendorf (Austria)
1695 Forchtenstein (Austria)
1706 Grulich (Böhmen) 1883 den Redemptoristen übergeben
1713 Kötschach (Tirol)

2. Gründungen der böhmischen Provinz
1714 Wessely (Böhmen) aufgehoben 1783
1714 Rheinbach (Böhmen) aufgehoben 1802
1739 Konegad (Böhmen) aufgehoben 1783

3. Gründungen nach der ersten Teilung 1714
1718 Maria Weißenstein (Tirol)
1734 Vath (Austria) aufgehoben 1783
1745 Stotzing (Austria) aufgehoben 1787

4. Gründungen nach der zweiten Teilung 1756
1769 Gradisca (Tirol) aufgehoben 1810
1769 Duino (Tirol) aufgehoben 1786
1817 Rattenberg (Tirol)

Hier ist nur die Entwicklung bis 1909, dem Ende der Observanz, berücksichtigt.

Maria Weißenstein wurde 1922 zwangsitalienisiert.

1968 wurde Weihenlinden vom Deutschen Vikariat übernommen.

1991 wurde Gratzen, nach dem Zweiten Weltkrieg von den Kommunisten konfisziert, wieder gegründet.

Im Zuge der Restrukturierung wurden einige Konvente geschlossen.

Zu erwähnen ist auch noch die ungarische Provinz, die 1946 gegründet und bereits 1950 von den Kommunisten wieder verboten wurde. Nach der sanften Revolution und dem Fall des „Eisernen Vorhanges" wurde 1991 in Eger eine Neugründung versucht.

Theologen und geistliche Schriftsteller der Deutschen Observanz im 17. und 18. Jahrhundert: ihre Theologie, Spiritualität, Liturgie und Askese

Das Szenario

Auch wenn nicht beabsichtigt, ist die „Deutsche Observanz" (1612–1909) im 17. und 18. Jahrhundert doch eine „Speerspitze" der Gegenreformation oder der Katholischen Reform. Dies hat zwei politische Ursachen:

1. Die von der Stiftung durch Sr. Anna Juliana von Gonzaga immer gegebene Nähe zum Kaiserhof und damit zur dort gemachten Politik.

2. Dadurch, dass die meisten Konvente adelige Stiftungen waren, gab es auch eine kirchenpolitische Erwartungshaltung gegenüber dem Orden, sich an der Rekatholisierung zu beteiligen. Man kann hier durchaus von Abhängigkeit sprechen.

Die Stiftung der meisten Klöster erfolgte zum Zeitpunkt des Höhepunktes der Gegenreformation und ist regional synchron mit der Ausbreitung der Katholischen Reform. Es gibt Konvente, wie Kötschach, die direkt zur Zurückdrängung des Protestantismus gegründet wurden (Missio in Carinthia).

Wenn auch das hohe spirituelle Profil sich der Formung durch die Eremiten von Monte Senario verdankt, ist diese Qualifikation doch für die Gegenreformation willkommen. So verdankt sich das hohe theologische, spirituelle und liturgische Niveau einer Dialektik von Ordensreform und apostolischem Anspruch durch die Katholische Reform.

Die Theologie selbst stand damals im vollen nachtridentinischen Aufbruch, wobei diese Erneuerung in einem „Zurück zu den Quellen" bestand: Schrift, Väter. Überdies führte die Kritik der „Aufklärung" zu einer erneuerten „scholastischen Methode", um gegenüber dem Rationalismus zu bestehen (positive und historische Theologie). Führend wurden immer mehr die Jesuiten.

Unbeschadet standen die Theologen unseres Ordens mit größerer Sympathie immer neuplatonisch-augustinischer Theologie näher, als der scholastisch-spekulativen.

Zwei Entwicklungen nach dem Konzil von Trient (1545–1563) wurden in der Deutschen Observanz von allem Anfang an aufgegriffen: Die Trennung der Moraltheologie von der Dogmatik wie die Einführung von Kirchengeschichte und Kirchenrecht. In deutschen Landen gab es drei große Schulen: Thomismus, Scotismus (OFM) und Molinismus (SJ). Unter Maria Theesia verloren die Jesuiten ihr Monopol, 1773 wurde der Orden aufgehoben. Unter „Sakristan" Josef II. wurde die Daumenschraube um die Theologie, die bereits Maria Theresia durch Kanzler, Hofkommission und Verfassung der Theologischen Fakultät angezogen hatte, zugezogen. Alle Kleriker mussten an einheitlich strukturierten Generalseminaren („Aufklärungstheologie") studieren.

Theologie und Deutsche Observanz
In Innsbruck gründete der heilige Petrus Canisius 1562 das Jesuitenkolleg, 1671 wurde die Theologische Fakultät errichtet, ständig erweitert, den Jesuiten übertragen, die einen ausgezeichneten Ruf (Molinisten) genossen. Aber auch Weltpriester und andere Orden hatten Lehrstühle. Überdies hatten zu dieser Zeit das Stift Wilten (Augustinisch), Kapuziner und Franziskaner (Scotistisch) eigene Hauslehranstalten. An unserer Hauslehranstalt wurde anfangs Thomismus gelehrt. 1782 wurden sie alle mit dem Generalseminar vereinigt.

Ganz ähnlich war die Situation in Wien, wo es ab 1623 eine Theologische Fakultät gab. Daneben hatten viele Orden Hausanstalten und Lehrstühle an der Fakultät.

Am Höhepunkt der Ordensgeschichte gab es in der Deutschen Observanz vier Studienzentren: Innsbruck, Prag, Wien und Maria Waldrast. Die Novizen wurden in Maria Luggau und Jaromeritz ausgebildet. Besonders in Prag bestand eine blühende theologische Schule, mit vielen asketischen, spirituellen und hagiografischen Schriftstellern.

Bei der Entwicklung der Theologie und der Studien in der Observanz liegt es nahe, drei Perioden zu unterscheiden: 1636–1720, 1720–1783, und nach 1826, der Wiederaufnahme der Lehrtätigkeit.

Die Zeit der Gründung und frühen Entwicklung (1636–1720)

Ein zaghafter Versuch, ein Hausstudium in Innsbruck zu errichten, wurde bereits von 1620 bis 1624, angeregt von der Stifterin selbst, unternommen. Fr. Merlo unterrichtete, bis er durch Barchi abgelöst wurde. Danach, bis 1636 studierten die Kleriker an verschiedenen Universitäten. 1629 veröffentlichte Angelus M. Fieger in Dillingen ein Werk über die Dreifaltigkeit.

Die Errichtung der Hauslehranstalt ist eng verbunden mit dem Übertritt von Fr. Joachim (Ignatius) M. Erndlin SJ in die Observanz. Doktor in scholastischer Theologie, überzeugt er die Oberen vom Vorteil des Hausstudiums. 1636 wurde ein philosophisch-theologisches Studium in Innsbruck eingerichtet.

Als General Bussotti Prag besucht, bringt er von dort Fr. Angelus M. Fieger mit und macht ihn zum ersten öffentlichen Professor und Dekan. 1636 wurden unter Löhrer auch in Prag Studien eingerichtet.

Das hohe Ausbildungsniveau fördert wesentlich die schnelle Ausbreitung der Observanz. Schon bald genoß St. Josef in Innsbruck einen ausgezeichneten akademischen Ruf. Wer zehn Jahre als Lektor unterrichtet hatte, hatte automatisch ein Mandat im Provinzkapitel. Höhere Ämter standen nur „Studierten" offen. Nur wer das Philosophicum „cum laude" absolvierte, kam in die Theologie. Unterrichtet wurde von 8–10.30 und 14.00–16.00

138

Uhr. In jedem Jahr musste jeder drei Vorlesungen im Refektorium bestreiten. Begabte wurden einem „Rigorosum" unterzogen und machten meistens Karriere. Wesentlich wurde das Niveau durch die „Disputationes" in der Kirche gefördert. Besonderer Wert wurde mit den zwei wöchentlichen Casuskonferenzen auf die moraltheologische Ausbildung der jungen Priester als Beichtväter gelegt. In der Anfangszeit wurde streng scholastische Theologie (Thomas, Heinrich von Ghent) unterrichtet. Kirchengeschichte und Kirchenrecht waren Spezialfächer. Regens Studiorum war der jeweilige Generalvikar. Wesentlichste Hilfe waren hervorragend ausgestattete, up to date Bibliotheken, für deren jeweils aktuelle Erweiterung der Konvent jedes Jahr ein Budget vorsehen musste. In Innsbruck wurde mit einer solchen bereits 1620 begonnen, wesentlich im heutigen Bestand sind die Ehrengaben aus dem 18. Jahrhundert. Waldrast verfügte schon früh (1681) über eine gute Bibliothek. Angefangen von Angelus M. Fieger, entwickelte sich die Wiener Bibliothek zu einer der besten in der Stadt.

Bedeutende Theologen dieser 1. Epoche

Ignatius M. Erndlin (1590–1645)
Jesuit, lernte er die Observanz durch unsere ersten Kleriker in Ingolstadt kennen. 1634 trat er in die Observanz ein, wird „Mentor" der Hauslehranstalt, wo er bis zu seinem Tod spekulative und Moraltheologie unterrichtete. Unter seinen vielen asketischen Schriften ragt die über die „Oratio Mentalis" (Meditation) heraus. Den Studenten war er immer ein gütiger und hilfsbereiter Ratgeber, ein Mann wirklicher Heiligkeit.

Angelus M. Fieger (1602–1651)
Aus einer adeligen Innsbrucker Familie stammend, gehörte er zu den ersten vier Klerikern der Observanz. Mit 30 Jahren Prior in Prag wurde er von General Bussotti als Dekan der Hauslehranstalt 1637 nach Innsbruck zurückberufen. Dieses Amt hatte er neun Jahre inne, Moraltheologie unterrichtend, ehe er 1647 zum ersten Provinzial der Observanz gewählt wurde. Zu ihrem Wachstum und ihrer Konsoldierung trug er als Mann der Heiligkeit wesentlich bei. Mit 27 veröffentlichte er in Dillingen ein bedeutendes Werk über die Heiligste Dreifaltigkeit.

Hyacinthus M. Grandl (1622–1701)

Nach seiner Priesterweihe unterrichtete er ab 1651, war ab 1653 über zehn Jahre Novizenmeister, worüber er auch eine „Ratio" veröffentlichte. Berühmt waren seine Disputationen, sodass er 1665 an das 1633 gegründete Kolleg Galvanense San Marcello berufen wurde. In der Provinz zurück, wurde er 1671 Provinzial, 1674 „Generalregens der Studien in der Deutschen Observanz". 1678 wurde er wegen seines ausgezeichneten Rufes zum General gewählt, nahm aber nicht an. Er starb ebenfalls im Ruf der Heiligkeit in Innsbruck 1701. Nicht nur seine „Theologia universa", sondern vor allem seine Persönlichkeit hatten nachhaltigen Einfluss, dass man in der Observanz lange sehr stolz war, Schüler von Grandl gewesen zu sein.

Hippolytus M. Beham († 1691)

Über 20 Jahre Lektor, war er auch Generalvikar und Provinzial. In Wien finden wir ihn 1671 als Regens. Berühmt wurden seine Disputationen über die Eucharistische Gegenwart.

Ludovicus M. Manikor (1635–1703)

Regens in Wien, war er vor allem auf die Förderung scholastischer Theologie bedacht. Er war auch Provinzial. Sein wichtigstes Werk ist ein Entwurf scholastischer christlicher Philosophie.

Victorius Apurg (1655–1713)

Obwohl Innsbrucker, lehrte er in Wien. Berühmt wurde er wegen seiner aufsehenerregenden Disputationen mit den berühmtesten Professoren der Stadt.

Raphael M. Weinhart (1661–1715)

Er war Generalvikar, Leiter der Wiener Hausanstalt und lehrte auch in Innsbruck. Sein berühmtestes Werk ist eine Hagiografie der Ordensheiligen und Seligen.

Theophilus M. Ederl (1661–1713)

Er unterrichtete in Maria Waldrast, Innsbruck und Wien.

Wilhelm M. Löhrer (1669–1750)

Er war eine herausragende Figur der Observanz. Großartiger Lehrer und Schriftsteller. Als Lehrer hatte er in Wien einen Namen, mit den Größen der Stadt verbanden ihn enge Freundschaften. Als Theologe war er strenger Thomist auch gegen andere Meinungen der Lehrer seiner Hauslehranstalt. In Konegad hat er eine asketische Schule gegründet.

Romualdus M. Hüber (1669–1744)

Zweimal Generalvikar, war er ein bedeutender Professor und Schriftsteller. Sein berühmtestes Werk handelt über die Inkarnation „Gott-Mensch". Überdies hat er ein Marienleben geschrieben.

Michael M. Schiess (1674–1737)

Neben seiner Tätigkeit als Lektor und Schriftsteller, war er vor allem ein bedeutender Prediger in St. Josef in Innsbruck. Außer seinem Traktat über die Heiligste Dreifaltigkeit veröffentlichte er asketische und homiletische Schriften. In Wien unterrichtete er neben Theologie auch Philosophie.

Das Werden der Hauslehranstalt in Innsbruck

Auch wenn es in der Deutschen Observanz andere Hauslehranstalten gab, war Innsbruck immer das Hauptstudienhaus. Aufgebaut von Erndlin und Fieger, waren die ersten Lektoren Grandl und Beham. Nach 1668 wurde wegen der großen Studentenzahl das Philosophicum nach Maria Waldrast verlegt, wo auch das Noviziat war. Die Lektoren wechselten sehr oft, einerseits um den Nachwuchs zu fördern, andererseits weil Lektoren oft höhere Ämter erreichten.

Die Hauslehranstalt in Wien

Ihr Anfang fiel in das Jahr 1671, zuerst als moraltheologische Lehranstalt für junge Diakone und Priester. Kaum begonnen, forderte eine Pestepidemie ihren Tribut mit sieben Opfern. Wie in so vielen Belangen ermöglichte Baron Abele eine rasche Neueinrichtung der Studien spekulativer Theologie. Ab 1679 gelangen die Studien zu großer Blüte, berühmt die Disputationen mit Professoren anderer Orden.

Die Wiener Studien waren von Innsbruck nie ganz unabhängig und es gab einen regen Austausch von Lehrern zwischen beiden Anstalten.

Die Zeit intensiver Entwicklung in Lehre und Publikation (1720–1783)

Es ist dies die Zeit der größten Blüte bis zur Aufhebung aller Hausstudien durch Josef II. Profilierteste Lektoren wie Shguanin und große Werke markieren diese Epoche. Wien erhielt, ähnlich wie Innsbruck, zwei Außenstellen in Maria Langegg und Forchtenstein.

Das didaktische System

Die Studien sind in dieser Zeit der „wichtigste Motor" der Ausbreitung der Deutschen Observanz. Im Studienplan war man immer auf der Höhe der Zeit: so wurden neue Gegenstände immer sofort aufgenommen. Das akademische Jahr dauerte vom 1. Adventsonntag bis 21. November des folgenden Jahres. Eine Lehreinheit wurde am Vormittag, eine am Nachmittag abgehalten. Wichtig waren Repetitorien, wo alles regelmäßig wiederholt wurde. Am Ende der drei Studienjahre musste ein Gesamtexamen „ex universa Theologia" abgelegt werden.

Eine große Bedeutung nach der scholastischen Methode hatten die „Disputationes", in deren Rahmen ein angehender Lektor die Konklusionen seiner Dissertation präsentierte und verteidigte.

Gelehrt wurde thomistische Theologie, die neuen Fächer positiver, historischer oder polemischer Theologie wurden immer mehr integriert. Besonderer Wert wurde auf Moraltheologie gelegt, nicht nur im Grundkurs, sondern vor allem für die angehenden Beichtväter, die zwei Jahre zweimal in der Woche eine Casuskonferenz hatten. Diese durften auch nicht an freien Tagen entfallen. Gelehrt wurde dabei ein Mittelweg zwischen Rigorismus und Laxismus.

1738 führt das Definitorium einen „Director Studentium" ein, dessen Aufgabe die Förderung des geistlichen Lebens und der Observanz war (Beichtvater, Anleitung bei Meditation, Lectio Divina, geistliche Konferenzen ...).

Eine unverzichtbare Hilfe für das Studium waren die bestausgestatteten Bibliotheken, die sorgfältig katalogisiert und up to date gehalten waren. Jedes Priorat musste ein jährliches Budget vorsehen. Solche großen Bibliotheken hatten Innsbruck (1783,

40.000 Bände), Wien, Prag, Maria Waldrast, Maria Luggau, Maria Langegg, Forchtenstein. Den höchsten Standard und auch die stadtweite Anerkennung genoß die Bibliothek in Wien, dank der Unterstützung vom Kaiserhof.

Herausragende Theologen dieser Zeit

Cäsarius M. Shguanin (1692–1769)

Bis er 1729 bei den Münchner Klausurschwestern Beichtvater wurde, unterrichtete er in Innsbruck Philosophie und Theologie (Moraltheologie, Kirchenrecht). Er war auch Magister der Studenten. In einer berühmten Disputation legte er 1727 seine „Ex universa Theologia" dar. Ab 1736 bekleidete er eine Professur am Kolleg San Marcello. In Deutsch hat er zahlreiche populäre Schriften veröffentlicht.

Bertholdus M. Ermblich (1696–1766)

In Mähren geboren, war er zweimal Generalvikar und Provinzial. In seinen „Conclusiones ex universa Theologia" erweist er sich als Anhänger von Heinrich von Ghent. In seinen populären Werken setzt er sich sehr für die Verbreitung der Verehrung der Heiligen und Seligen ein.

Amideus M. Markel (1697–1760)

Gebürtiger Wiener, lehrte er aber zuerst in Innsbruck, wo er auch Klerikermagister war, Philosophie und Moraltheologie. Nach Wien berufen, war er nicht nur Lektor, sondern auch angesehenster Prediger an der Kirche. Sein bedeutendstes Werk ist „Tuba Magna", eine von den Quellen her sehr gründlich gearbeitete Dogmatik, dazu kommen asketische und historische Schriften.

Marcus M. Struggl (1702–1760)

In Kärnten geboren, ist er zweifellos der bekannteste Theologe der Observanz. Auf dem Gebiet der Moraltheologie genoß er zu seiner Zeit universelle Bedeutung. Erst aber unterrichtete er in Wien Philosophie, dann Moraltheologie, war Klerikermagister und bis zur Teilung der Provinz 1756 Generalvikar. Auf dem Gebiet spekulativer Theologie hatte er höchstes Niveau. Sein erstes Werk ist ein scholastischer Traktat über die Heiligste Dreifaltigkeit, dann die „Theologia Universa". Überragend und am bedeutendsten war seine „Theologia Moralis" von 1751.

Nicht nur der heilige Alfons von Ligouri war höchsten Lobes über dieses Werk, das lange weltweit Schulliteratur war. Darin ist scholastische und spekulative Theologie zur Vollkommenheit stilisiert.

Gabriel M. Schenck (1713–1789)

In seinem langen Leben war er zunächst Lektor für Philosophie in Maria Waldrast und Innsbruck, dann Lektor der Dogmatik und für Hebräisch wie auch Klerikermagister und Studiendirektor. Bedeutend seine Disputationen und historischen, homiletischen und hagiografischen Werke. Schenck war in Innsbrucks akademischen Kreisen gern gesehener Gast. Nach seiner aktiven Zeit war er zweimal Provinzial und Generalvikar.

Alexius M. Planch (1726–1774)

Erst Philosoph, war er mindestens acht Jahre Lektor für Dogmatik und Griechisch. Unter seinen fünf theologischen Werken ragt sein Marienleben heraus. Dessen Veröffentlichung war für eine Zeit lang wegen seiner liberalen Thesen betreffs ihrer Jungfräulichkeit suspendiert, wurde aber dann vom Dekan der Theologischen Fakultät erlaubt. Als er das Lektorat bereits zurückgelegt hatte, musste er ab 1764 wieder das neue Fach Heilige Schrift übernehmen. Daneben arbeitete er an seiner „Theologia universa" in fünf Bänden, deren letzte Veröffentlichung er nicht mehr erlebte. Dieses Werk erfuhr höchste Wertschätzung auch beim Wiener Kardinal.

Chrysologus M. Greimbl (1729–1804)

In Hall geboren, war er sehr vielseitig. Erst Philosophie, unterrichtete er dann Moraltheologie und Dogmatik. Er war auch Klerikermagister. Viel beachtet war seine Exegese der Leidensgeschichte. 1765 wurde er Novizenmeister. Als solcher legte er seine Erfahrungen in der berühmten „Schola Novitiorum" nieder, die bis zum Vatikanum II einen nachhaltigen Einfluss in der Ausbildung hatte. Bedeutend sind auch seine asketischen und devotionalen Schriften.

Fr. Chrysologus M. Greimbl, Meditationen über das Leiden Christi, 1762

Guidowaldus M. Mayr (1731–1806)

Er lehrte erst Philosophie, dann als erster Lektor Theologie in Volders St. Karl. Hier war er Moraltheologe und Dogmatiker. In seiner weiteren Tätigkeit las er Heilige Schrift, Griechisch und Hebräisch. 1777 wurde er Provinzial, dann letzter Generalvikar, endlich wieder Provinzial.

Karl M. Güntherod (1739–1795)

Sein überragendes Talent war bereits bei seiner Disputation zum Studienabschluss unübersehbar. Erst Repetitor in Philosophie und Theologie, was in etwa dem heutigen Assistenten entspricht, unterrichtete er ab 1770 in Innsbruck Dogmatik und war Klerikermagister.

Als Anhänger des Febrionismus veröffentlichte er historisch-theologische und exegetische Werke. Als 1773 der Jesuitenorden aufgehoben wurde, waren viele Lehrstühle frei und auch der Observanz, deren Methode man an der Fakultät sehr schätzte, wurden diese Professuren angeboten. Noch dazu, wo Güntherod 1773 zum „Doktor an der Universität" promoviert worden war. Doch vorher musste das Verbot, Professuren und akademische Grade anzunehmen, für ihn aufgehoben werden. So wurde er noch 1773 Professor für Patrologie. Berühmt waren seine Disputationes über die Glückseligkeit und „Theologia universa".

Immer mehr der Aufklärung anhängend, machte er seinen Oberen immer mehr Kopfzerbrechen. Indem er in einer Disputation den Konziliarismus verteidigte, wurde er 1777 als Lektor abberufen. Ein kaiserliches Dekret indes beließ ihn als Professor für Kirchengeschichte ohne Prüfungsvollmacht an der Universität.

1778 wollte Güntherod nach Rom an das Kolleg, was vom Generalkonsilium aus Angst, sein Buch über Papst Honorius könne von der Glaubenskongregation geprüft werden, abgelehnt wurde. 1782 erlaubte ihm ein kaiserliches Dekret, den Bart abzulegen und Weltpriesterkleidung zu tragen und um eine Dispens vom Ordensleben anzusuchen. 1783 wurde ihm der Lehrstuhl entzogen und er ins Kloster zurückbefohlen. Güntherod trat in die Österreichisch-Ungarische Provinz über und starb 1795 als Bibliothekar im Schloss Eszterhazy.

Güntherod war zweifellos Verfechter der kritischen Theologie der Aufklärung und Opponent zu den Jesuiten. Selbstbewusst stand er auch gegen die Oberen. Sieben Werke kennen wir von ihm, die ersten beiden handeln über Naturphilosophie und Metaphysik.

Innozenz M. Sternbach (1750–1795)
Als Student von überragender Begabung, wurde er Repetitor, Lektor für Theologie und Philosophie und Regens Studiorum. Später unterrichtete er Heilige Schrift und Kirchengeschichte. In diesem Fach war Güntherod sein Lehrer.

Ambrosius M. Vogelsanger (1750–1828)
Er unterrichtete Kirchenrecht, auch an der Universität, und war am Schluss seines Lebens Provinzial.

Philipp Benitius M. Mayr (1759–1826)
Sicher gehört er zu den herausragenden Gestalten dieser Zeit. Weil die Hausanstalt im Jahr seiner Priesterweihe aufgehoben war, war er nie Lektor, aber Professor für Religionsphilosophie und Ästhetik an der Universität. Er war Dichter und Künstler und auch Rektor Magnificus der Universität. In der Innsbrucker Jesuitenkirche erinnert noch eine Gedenktafel an ihn.

Die Hauslehranstalt in Wien und deren Außenstellen

Als größtes Haus der Observanz beherbergte Wien bis zu 70 Mitbrüder. Wien hatte das höhere theologische Niveau als Innsbruck. Eine Außenstelle war Maria Langegg. Allerdings gibt es in Wien weit weniger Veröffentlichungen als in Tirol. Eingerichtet war dort ein scholastisches Studium der Philosophie und Theologie, einer der bekannten Direktoren war Christoph M. Vogelmayr. Ermblich, Markel und Struggl machten die Schule in der Stadt berühmt.

Zu den Jesuiten, Stammgäste bei den Disputationen, bestanden enge Freundschaften und die Serviten wurden meist bei Doktoraten als Beisitzer an die Universität eingeladen.

Man hatte bis zu 30 Studenten, 20 in Wien, 10 in Maria Langegg und Forchtenstein. Bedeutende Lektoren waren Basilius M. Hölzl (1708–1762), Zacharias Rathgeb (1705–1782), Peregrinus M. Putz (1719–1793) und Prostasius M. Schmidl (1719–1782). Ab 1750 finden wir als Lektoren Bernhard M. Hacker (1719–1787) und Riccoverus M. Flauscher. In dieser Zeit wurde in Forchtenstein Philosophie und Moral unterrichtet.

Die zweite Teilung 1756 hatte Gott sei Dank auf die Studien keinen Einfluss. Thomas M. Magis (1726–1795) unterrichtete auch Kirchenrecht an der Universität, ebenfalls Faustinus M. Amon (1728–1799) Heilige Schrift. 1775 mussten nach einem kaiserlichen Erlass die internen Studienpläne denen der Universität angepasst werden. Die ungarischen Studenten studierten in der Regel in Maria Loretto.

1783 wurden durch einen kaiserlichen Erlaß alle Hausstudien verboten und Generalseminare errichtet. Zunächst wurden die ungarischen Studenten in das von Eger geschickt. Ab 1784 findet man auch unsere 14 Studenten an der Universität.

Das Studienhaus in Innsbruck und andere in Tirol

Herausragende Figur war in dieser Epoche Cäsarius M. Shguanin. In Innsbruck selbst studierten durchschnittlich sechs bis zwölf Kleriker. Schüler Shguanins waren die späteren Generalvikare Schenck und Gienger. Philosophie wurde in Maria Waldrast, Moraltheologie in Maria Luggau unterrichtet. Mit Schenck und Planch als Lektoren (1740–1767) erreicht Innsbruck seine Blütezeit. Schenck veröffentlichte drei Werke über die Schrift, Planch unterrichtete wie er auch Dogmatik. Das Provinzkapitel 1756 richtete ein Lektorat für Kirchenrecht ein. Neben Planch wurde 1760 Chrysologus M. Greimbl zweiter Lektor. Planch übernahm 1763 die neue biblische Fakultät.

Die Stellung der Moraltheologie

In der Observanz hatte Moraltheologie immer eine besonders wichtige Stellung. Besonders die jungen Priester, die im Beichtdienst fungierten, mussten sich strenger Examen und oftmaliger Casus-Konferenzen unterziehen. In Tirol waren Waldrast und Luggau, in Österreich Forchtenstein Studienzentren. Und es gab das neue Amt des „Instruktors Moralium". Zu den zweimal wöchentlichen Casus-Konferenzen wurden die jungen Priester strengstens verpflichtet, wollten sie eine Beichtjurisdiktion erreichen.

Die Entwicklung bis zum Josefinismus

Unter Maria Theresia bereits begann die staatliche Kontrolle der theologischen Ausbildung. Alle Studienpläne mussten denen der Universität Wien angepasst werden. In dieser Zeit war General

Adami, selbst vormals Professor an der Universität Pisa, ein begeisterter Förderer der Studien in der Observanz.

Generalvikar Schenck führt dann das neue Fach Kirchengeschichte ein, Pastoraltheologie und Patrologie (Güntherod) wie Homiletik wurden per Dekret vorgeschrieben. 1776 wurden die Nebenanstalten faktisch aufgehoben, da ein Erlass nur noch ein Studienhaus pro Provinz in der Hauptstadt erlaubte. Lektoren mussten ihre Qualifikation an der Universität erwerben, fünf Studienjahre wurden vorgeschrieben.

Die Aufhebung 1783

Zur Zeit der Aufhebung der Studien waren Chrysologus M. Greimbl Provinzial, Sternbach und Vogelsanger Lektoren. Aurelius M. Borzaga musste als Provinzial das schwere Erbe übernehmen, die neun Studenten mussten das Innsbrucker Generalseminar besuchen. Dieses war im Franziskanerkloster Zum heiligen Kreuz. Die Studenten mussten im Seminar wohnen, Weltpriesterkleidung tragen, rasiert sein. 1790 wurden die Seminare wieder abgeschafft, Hausstudien in engster Anlehnung an die jeweilige Universität wieder erlaubt. In der Observanz wurden sie bis 1826 nicht wieder eingeführt.

Die theologischen Arbeitsfelder der Lektoren

In der ersten Epoche sind die Werke praktisch alle in der scholastischen Methode konzipiert, es dominiert die spekulative Theologie.

Moraltheologie
  * Shguanin: „Universa Theologia Moralis" (1725) = Fundamentalmoral;
  * Marcus Struggl, „Tyrocinium Confessiarorum" und „Theologia Moralis universalis";
  * Schenck, „Politicus Christianus" (1752), erste „Sozialethik", reich an Schrift- und Väter-Belegen.

Kirchenrecht
  * Shguanin, „Manuale Clericorum Säkularium", 1727, Benefizienrecht;
  * Vogelsanger, „Jurisdictio Episcoporum" (1779).

Patrologie
* Güntherod;
* Philipp Benitius M. Mayr, „Positionen aus der Patrologie" (1780);
das Fach verdankt sich der Maria Theresischen Reform.
Heilige Schrift
* Planch, „Leben der seligsten Jungfrau Maria", die erste biblische
Mariologie.

Kirchengeschichte
* Acht Werke von Schenck und Planch, die außer Güntherod die
Unfehlbarkeit des Papstes gegen Protestantismus und Absolutis-
mus verteidigen.

Dogmatik
* Die größte Anzahl von Werken. Markel, Struggl und Planch
verfassten komplette Theologien. Sonst waren Trinität, Gnade,
Menschwerdung bevorzugt behandelt.

Die theologische Methode
In der Deutschen Observanz spiegelt sich der große Methoden-
streit zwischen spekulativ-scholastischer Theologie und positiv-
kritischer Theologie wieder. Die letztere ist durch Humanismus
und Reformation angeregt und greift auf Schrift und Väter
zurück. Ihre weiteren Quellen: mündliche Tradition, Konzilien,
scholastische Theologen, Kanonisten. Es ist interessant, dass der
renommierteste Theologe der Observanz, Marcus Struggl, immer scholastisch-spekulativer Theologe geblieben ist.
    Die meisten Theologen der Observanz bedienten sich einer
beide Methoden verbindenden Mittelmethode, die an Markels
„Tuba Magna" gut nachvollzogen werden kann. Planch wiederum tendiert eindeutig zur positiven Methode.

Die Quellen der positiven Methode sind:
1. Die heilige Schrift und die apostolische Tradition;
2. Die Väter und Konzilien (speziell die ökumenischen);
3. Die päpstlichen Entscheidungen für die ganze Kirche;
4. Liturgie und Konsens der Kirche;
5. Ratio als „locus theologicus", Philosophie, Textkritik und
Authentizität.

Die Auseinandersetzung mit Väterkommentaren als Schlüssel zur Schriftinterpretation.
Rationale Begründung.
Es ist eine historische und scholastische Methode zugleich.

Schlussfolgerungen

1. Auf Anregung von Ignatius M. Erndlin wurde im Sommer 1636 in Innsbruck eine philosophisch-theologische Hauslehranstalt eingerichtet.

2. Er und Angelus M. Fieger leiteten diese die ersten acht Jahre. Im 17. Jahrhundert gab es ein ruhiges Wachstum, zu dem Hyazinth M. Grandl am meisten beigetragen hat.

3. Mit der Hilfe von Baron Christoph M. Abele wurde auch in Wien 1670 ein Studium eingerichtet. In der ersten Zeit waren Manikor und Beham die tragenden Figuren.

4. Durch jährliche, strenge Examen, vor allem durch die öffentlichen Disputationen in der Kirche, gewannen die Studien höchstes Niveau. Sie waren der Hauptmotor der Verbreitung der Observanz.

5. Von den Publikationen war die höchste Blüte zwischen 1720-1760. Herausragend: Shguanin, Ermblich, Markel und Struggl.

6. Schenck, Planch und Güntherod verhalfen Innsbruck zu akademischem Ruhm.

7. Durch ein Dekret Josefs II. vom 30. 3. 1783 wurde jegliche hausinterne Lehre verboten und wurden die Generalseminare eingeführt. Obwohl seit 1790 wieder erlaubt, wurde in Innsbruck ein Hausstudium erst wieder 1826 eingeführt.

8. Die publizierten Werke stammen fast ausschließlich aus dem 18. Jahrhundert. Dogmatik, Moral, Kirchenrecht und Bibel sind die Schwerpunkte. Verwendet wird eine Mittelmethode, wobei der positive Einfluss immer stärker wird. Die Werke von Marcus Struggl stellen eine überragende Ausnahme dar.

DAS JAHRHUNDERT IM ÜBERBLICK

1611	Fr. Felini besucht Anna Juliana von Gonzaga in Innsbruck. Die Gespräche ergeben, den Servitenorden in den Deutschen Landen wieder zu gründen.
1612 –1613	Brüder kommen aus Mantua nach Innsbruck. Anna Juliana lässt den Grundstein zum Konvent und zur Kirche St. Josef legen.
1614	bittet sie den General, drei Eremiten vom Monte Senario nach Innsbruck zu senden, einem Wunsch, dem nach Zögern entsprochen wird.
1617	treten die ersten vier jungen Brüder in Innsbruck ein. Sie werden 1621 zu Priestern geweiht.
1621	stirbt die Stifterin Sr. Anna Juliana von Gonzaga. Die Observanz geht einer ungewisssen Zukunft entgegen.
1624	Nachdem der 1. Generalvikar Fr. Giuseppe M. Barchi versucht hat, wieder zum „konventualen" Leben zurückzukehren, wird er nach Intervention der Mehrheit der Brüder aus seinem Amte abberufen. Man kehrt wieder zum observanten Leben zurück. Erst dann vertraut Erzherzog Leopold I. den Brüdern die Wallfahrtskirche Maria Waldrast an.
1627	erfolgt mit der 3. Gründung der Brückenschlag nach Prag. Arcangelo M. Benivieni, unter den ersten Eremiten, inzwischen Generalvikar, erlässt die „Statutiones", praktisch die ersten Konstitutionen der Observanz. Damit sind die Gründungen nördlich der Alpen die erste Reformbewegung im Orden „ab ovo".
1636	wird in Innsbruck die erste theologische Hauslehranstalt eingerichtet, deren Leitung Fr. Angelus M. Fieger übernimmt. Ihr war eine große Blüte beschieden.

1639	erfolgt nach mehreren ergebnislosen Versuchen mit Wien die nächste markante Gründung. In den Jahren danach gibt es die blühendste Wachstumsphase der Observanz. In Prag und Wien werden ebenfalls theologische Lehranstalten eingerichtet.
1668	wird die Observanz vom Papst anerkannt. Es handelt sich um eine teilexempte Reformbewegung mit einem eigenen Anhang an die Konstitutionen. Geleitet wird sie vom Generalvikar.
1687	erste Gründung in Ungarn, Pest.
1688	wird die einzigartige Karlskirche von Volders, entworfen von Hippolytus Guarinoni, eingeweiht.
1714	kommt es zur Teilung innerhalb der Observanz: Tiroler-Österreichische und Böhmische Provinz.
1719	erfolgen zwei Gründungen in Venetien: Duino und Gradisca. Mit der Übernahme von Rattenberg und der Gründung Maria Weißenstein wurden von Innsbruck aus 31 Konvente gegründet.
1756	erfordert die Größe eine neuerliche Teilung in eine Tiroler und eine Österreichisch-Ungarische Provinz.
1770	wird Fr. Karl M. Güntherod wegen seiner aufklärerischen und konziliaristischen Position die interne Lehrbefugnis entzogen. Er wird öffentlicher Professor für Kirchengeschichte an der Universität Innsbruck.
1783	werden nicht nur die beiden von Sr. Anna Juliana gegründeten Schwesterngemeinschaften durch Kaiser Josef II., sondern auch zahlreiche Konvente der Observanz aufgehoben. Die Hauslehranstalten werden geschlossen, die Kleriker in Generalseminare beordert. Auch wenn diese Maßnahme nach dem Tode Josefs II. wieder widerrufen wird, wird erst 1826 in Innsbruck wieder ein Hausstudium eingerichtet.

1810	wird Fr. Philippus Benitius M. Mayr als erster Servit Rektor Magnificus der Innsbrucker Universität.
1853	wird Fr. Albiun M. Patscheider (bis 1859) erster und bislang einziger Generalprior der Observanz.
1883	wird Grulich an die Redemptoristen abgegeben, Gratzen fällt als letzter böhmischer Konvent an die Tiroler Provinz zurück.
1907	wird mit den neuen Konstitutionen die Observanz juridisch aufgehoben.
1909	tritt dieser Entscheid in Kraft.
1913	Arimath M. Gratl bricht als Missionar nach Swasiland auf.
1927	Vereinigung der Tiroler mit der Österreichisch-Ungarischen Provinz.
1938	Aufhebung Innsbrucks durch die National-sozialisten, 1941 auch Maria Waldrasts, Gauverweis für viele Mitbrüder.
1947	Gründung einer ungarischen Provinz, die 1950 verboten wird.
1954	Nach 1802 Wiedergründung des Ordens in Deutschland (Gelsenkirchen-Buer).
1975	Restrukturierung auf gemeinschaftliche Klöster hin.
1991	Wiederübernahme Gratzens.

Tafel der wichtigsten Theologen

Von 1636 bis 1720
- Ignatius M. Erndlin
- Angelus M. Fieger
- Hyacinthus M. Grandl
- Hippolytus M. Beham
- Ludovicus M. Manikor
- Victorius M. Apurg
- Raphael M. Weinhart
- Theophilus M. Ederl
- Wilhelm M. Löhrer
- Romualdus M. Hüber
- Michael M. Schiess

Von 1720 bis 1783
- Cäsarius M. Shguanin
- Bertholdus M. Ermblich
- Amideus M. Markel
- Marcus M. Struggl
- Basilius M. Hölzl
- Gabriel M. Schenck
- Alexius M. Planch
- Chrysologus M. Greimbl
- Guidowaldus M. Mayr
- Karl M. Güntherod
- Innozenz M. Sternbach
- Ambrosius M. Vogelsanger
- Theodorus M. Rupprecht
- Simphorianus M. Holzer

Spirituelle Früchte der Deutschen Observanz

- Theologische Werke
- Disputationes
- Casuskonferenzen
- bestausgestattete Bibliotheken, besonders Wien, aber auch in Klöstern, wo Teilstudien unterrichtet wurden
- Forschungen in Ordens- und Provinzgeschichte
- Predigtsammlungen
- Rationes: Greimbl, Schola Novitiorum
- viele populäre, devotionale Werke

Akzente des geistlichen Lebens in der Observanz

* „Contemplativus in actionibus": Spiritualität und Apostolat bildeten eine harmonische Einheit, Stimmigkeit.
* Askese: Gott ist in Gebet und Arbeit gleich transparent.
* Strenge Auslegung der Räte des Evangeliums, sichtbar an Armut.
* Hohes Bildungsniveau ist „Motor" der schnellen Verbreitung der Observanz.
* Geistliche Begleitung, Beichte und zwei Mal tägliches Partikular- und abends Generalexamen haben hohe Bedeutung.
* Strenge Beobachtung des Stillschweigens, Mäßigkeit, Fasten; Disziplin.
* Teilnahme am Leiden Christi durch Vertiefung in die Schmerzen der Gottesmutter (mystische Dimension) mittels Betrachtung und Meditation.
* Predigt, stilvolle Liturgie und Beichte als apostolische Schwerpunkte.
* Der „Status perfectionis" ist Fundament eines fruchtbaren Apostolates. Die Observanz hatte vier Säulen: Professoren, Ökonomen, Prediger und Beichtväter, sie gewährleisteten hohen Standard des geistlichen Ideals.
* Geistliche Tiefe und Wachsamkeit brachten viele heiligmäßige Brüder hervor.

* Dialektik von Kontemplation („Eremiten"), monastischer und apostolischer Praxis.
* Interessantes Detail: Aufgrund der Aufgabenstruktur ging die Österreichisch-ungarische Provinz nach 1756 einen apostolischeren Weg, während die Tiroler Provinz „observanter" blieb.

7. Kapitel

DAS 18. JAHRHUNDERT

Vom höchsten Mitgliederstand bis zu den napoleonischen Aufhebungen

Zur Charakteristik des Jahrhunderts
Die Ereignisse, die Menschen und das Leben des Ordens im 18. Jahrhundert sind wie ein Kaleidoskop für die Zeichen der Zeit. Es gibt viele Widersprüche und gegenläufige Tendenzen. Einerseits erreichte der Orden den höchsten Mitgliederstand in seiner Geschichte überhaupt, andererseits führten die Aufhebungen am Ende des 18. Jahrhunderts und in den ersten Jahrzehnten des 19. Jahrhunderts zur Schließung vieler Konvente und dem Verlust vieler Mitbrüder.

Die Generäle dieser Zeit der Aufklärung versuchten das Beste und wurden später Kardinäle oder Bischöfe. Fast alle wurden vom Papst ernannt und nicht vom Generalkapitel gewählt. Obwohl in dieser Epoche 17 Generalkapitel gehalten werden sollten, waren es nur 12.

Die erste Hälfte des 18. Jahrhunderts war geprägt von einer großen Vitalität. Die Studien erlebten eine Blütezeit. Die Verehrung der Heiligen und Seligen, besonders der Sieben Väter verzeichnete großes Wachstum, Peregrin Laziosi und Juliana Falconieri wurden heilig gesprochen. Einige Brüder gingen in die Mission. Fr. Giovanni Domenico Fabris und Fr. Sostegno M. Viani nahmen an der offiziellen vatikanischen Delegation anlässlich des Ritenstreites nach China teil. Der vormalige General Fr. Carlo Francesco Caselli war Berater des Erzbischofs Giuseppe Spina in den Konkordatsverhandlungen zwischen Napoleon und

dem Heiligen Stuhl. Während Caselli von Napoleon geehrt wurde, wurde Fr. Amadio Bertoncelli auf seinen Befehl 1809 erschossen. Fr. Roberto Costaguti, Bischof von Sansepolcro, nahm bei Napoleon Zuflucht und wurde von diesem in die Ehrenlegion aufgenommen.

In dieser Zeit gab es auch viele Mitbrüder mit säkularen Interessen: Attilio Ottavio Ariosti war Musiker, Giuseppe Salvetti Bildhauer, Alessandro Bandiera Literat, Giuseppe Giacinto M. Bergantini Historiker, Luigi Baroni ein Mann vieler Interessen und Talente und Giuseppe Antonio Brusa ein überragender Experte der Äronautik.

Es ist schwer, die vielen Ereignisse und Dimensionen servitanischen Lebens im 18. Jahrhundert auf einen Nenner zu bringen, und so wollen wir das Material folgend auswerten: die Generalprioren, die Heiligen- und Seligenverehrung, die Heiligsprechung von Peregrin Laziosi und Juliana Falconieri, die Studien im Orden nach den Methoden von Fr. Francesco Raimondo Adami, die Auswirkungen der politischen Situation bis zu den napoleonischen Aufhebungen, herausragende Serviten des 18. Jahrhunderts.

Bislang gibt es wenig historische Studien über diese Zeit, speziell über die 2. Hälfte des Jahrhunderts.

Generalprioren des 18. Jahrhunderts

Fr. Callisto Lodigieri († 1710) folgte Fr. Giovanni Franceso M. Poggi. Der neue General war Magister der Theologie am neuen Ghent-Kolleg in Rom und einige seiner Studenten folgten ihm später als Generäle. 1707, vor Ende seiner Amtszeit, wurde er zum Bischof von Montepulciano ernannt und der Papst ernannte Fr. Giovanni Pietro Bertazolli zu seinem Nachfolger. Dieser wurde dann beim Generalkapitel 1708, dem ersten seit 18 Jahren, bestätigt. Er ist wegen der Errichtung einer wunderschönen Kirche der Schmerzensmutter und eines Konventes in seiner Heimatstadt Massa in Erinnerung. Er starb kurz vor dem Generalkapitel, das er 1714 in Massa zusammengerufen hatte. Dieses Kapitel wurde dann aber in Rom gehalten, wo auch alle anderen Kapitel des 18. Jahrhunderts stattfanden. 1714 wurde Fr. Antonio M. Castelli zum General gewählt. Er wurde für seine detaillierten Vorschriften für die Studienhäuser bekannt wie für die Förderung der Verehrung der Schmerzensmutter, was auch für viele seiner Nachfolger gilt. So erwirkte er die Erlaubnis, in all unseren Kirchen den Schmerzensfreitag mit Messe und Offizium zu feiern.

Nach dem Tod Castellis 1716 ernannte der Papst den bekannten Prediger Fr. Angelo M. Ventura zum Generalvikar bis zum nächsten Generalkapitel 1720, wo Fr. Sostegno M. Cavalli zum General gewählt wurde. Beide wirkten für die Verbesserung der Studien im Orden. Während ihrer Amtszeit wurden die drei Bände der 2. Ausgabe der Ordensannalen bis 1725 gedruckt. Cavalli beauftragte Fr. Placido M. Bonfrizieri, ein Ordensdirektorium mit allen Heiligen, Seligen und Dienern Gottes zu erarbeiten, und er urgierte, dass alle Brüder es studieren. 1724 proklamierte er den heiligen Alexius Falconieri als Patron der Studenten und 1725 wurden alle Altäre der Schmerzensmutter in unseren Kirchen mit besonderen Ablässen versehen. Ein Jahr vor Ende seiner Amtszeit wurde er Bischof von Gubbio, wo er 1747 starb.

Benedikt XIII. ernannte Fr. Pietro M. Pieri als Nachfolger, dieser war neun Jahre (1725–1734) im Amt, als ihn Clemens XII. zum Kardinal kreierte. Mitglied verschiedener römischer Kongregationen, genoß er beim Heiligen Stuhl hohes Ansehen und konnte für den Orden auch einige Privilegien erwirken. Zum Beispiel: Die Exemption unserer Dritt-Ordens-Schwestern von der Jurisdiktion des Ortsbischofs und ihre direkte Unterstellung unter den Orden; für immer einen Berater in der Ritenkongregation zu haben; die Approbation der Konstitutionen der Deutschen Observanz 1727; im selben Jahr die Ausweitung des Offiziums des Schmerzensfreitag auf die gesamte Kirche. Während Pieris Generalat wurde Peregrin Laziosi heilig gesprochen und die Heiligsprechung Juliana Falconieris wurde vorbereitet, erfolgte aber wegen des Todes von Benedikt XIII. erst 1737. Der Orden, sagt Rossi, war wahrscheinlich nie mehr so bekannt und geachtet wie in diesem Generalat.

Fr. Pietro
M. Pieri

160

Die folgenden Generäle wurden vom Papst ernannt: Giuseppe M. Inghirami Curti (1734), Giovanni Pietro M. Fancelli (1744) und Giuseppe Antonio M. Rossi (1756). Der Letztere ist ein großer Förderer der Studien im Orden gewesen, eine Linie, die nach dem Generalat von Girolamo M. Vernizzi (1762–1768) vor allem Francesco Raimondo Adami (1768–1774) intensiviert hat. Dieser erließ eine für Jahrzehnte gültige Ratio Studiorum, „Methodus", für den Orden. Unter dem Generalat von Fr. Sostegno M. Fassani (1774–1780) wurde die Kongregation der Eremiten von Monte Senario aufgehoben. Das Eremitenleben hörte dort und in S. Giorgio 1778, in Cibona und Monterano 1780 auf. Sein Nachfolger Fr. Pier Francesco M. Costa (1780–1786) brachte die schweren Verhandlungen über die Schule und das Kolleg in Mendrisio (Schweiz) zu einem erfolgreichen Ende. Von 1786– 1792 war Fr. Gregorio M. Clementi, ein bekannter Prediger und Lehrer, General. Er ist auch der Autor einer noch unveröffentlichten Biografie über den Servitentheologen Cäsar Shguanin, der 1769 in Rom starb. 1792 wurde Fr. Carlo Francesco M. Caselli in Rom gewählt.

Die anderen Generäle der turbulenten napoleonischen Periode waren: Philippo M. Cerasoli (1798–1801), von Pius VI. (der auch Wien besuchte) ernannt, Philippo M. Vallaperta (1802– 1804), von Pius VII. zum apostolischen Generalvikar ernannt, und Luigi M. Bentivegni (1804–1814), vom Generalkapitel in Florenz gewählt und 1809 von Napoleon nach Frankreich verschleppt.

Die Verehrung der Heiligen und Seligen des Ordens und die Heiligsprechung von Peregrin Laziosi und Juliana Falconieri
Das Interesse an der Ordensgeschichte wuchs, die 2. Ausgabe der Ordensannalen zusammen mit Bonfrizieris Direktorium waren gleichzeitig Beiträge und Anzeichen der wachsenden Verehrung der Heiligen und Seligen des Ordens.

Aristide M. Serra schreibt über den Heiligsprechungsprozess des heiligen Peregrin: Der Diözesanprozess begann am 30. Juli 1608 mit der kanonischen Identifikation der Reliquien. Der

Prozess ging dann weiter an die Ritenkongregation, wo er Robert Bellarmine zugeteilt wurde.

Am 21. März 1609 erfolgte eine positive Antwort. Am 15. April fügte Paul V. den Namen des seligen Peregrin mit dem des seligen Joachim von Siena ins Martyrologium ein. Die ersten Bitten um Heiligsprechung wurden 1644 von der Republik Venedig und der Fürstin von Mantua an Urban VIII. herangetragen. Aber erst 1696 leitete Innozenz XII. den zweiten Diözesanprozess ein, welcher zwischen dem 19. und 21. Juni des selben Jahres endete und von der Ritenkongregation am 26. August 1702 approbiert wurde. Am 23. August 1720 wurde das Dekret über die Heldenhaftigkeit der Tugenden veröffentlicht und das über die Wunder am 4. Dezember 1724. Peregrin wurde dann am 27. Dezember 1726 zusammen mit Johannes vom Kreuz und Franz Solano heilig gesprochen. Die Oktav der Heiligsprechung wurde in großer Feierlichkeit in Rom begangen, was man aus der Archivdokumentation in S. Marcello entnehmen kann.

Die hl. Juliana Falconieri

162

Der
hl. Peregrin
Laziosi

Der Tod Benedikts XIII. verzögerte die Heiligsprechung von Juliana Falconieri um elf Jahre. Eine wirklich liturgische Verehrung begann mit ihrer Seligsprechung 1678. Zuvor wurde bereits am Beginn des 17. Jahrhunderts ein erfolgloser Prozessversuch gemacht. Der Heiligsprechungsprozess wurde 1694 angestrengt und 1737 abgeschlossen.

Das 18. Jahrhundert sah auch eine wachsende Verehrung unserer Seligen. 1717 wurde die Verehrung des seligen Alexius erlaubt, des letzten der Sieben Heiligen Väter, 1725 folgten die anderen sechs. 1728 wurden dem Orden Messe und Offizium erlaubt und der Gedenktag auf den 11. Februar festgelegt. 1737 wurde Johannes Angelus Porro als Seliger erlaubt, 1743 Franz von Siena. Der Heiligsprechungsprozess für die Sieben Heiligen Väter wäre erfolgreich gewesen, hätte nicht Benedikt XIV. für jeden einzelnen Wunder verlangt. So wurde der Fall bis 1884 blockiert. In der 2. Hälfte des 18. Jahrhunderts wurde 1761 die Seligenverehrung für Jakob Philipp Bertoni erlaubt, 1768 die von Thomas von Orvieto und 1775 die von Jeromio Ranuzzi.

Der 500. Todestag von Jakob Philipp Bertoni wurde 1983 mit einer großen Gedenkakademie in Faenza begangen.

Die Studien im Orden bis zum „Methodus" von Fr. Francesco Raimondo Adami

Eine Dissertation am Institut für Politologie an der Universität Padua 1980 gibt detaillierten Einblick in die Organisation der Studien im 18. Jahrhundert. Es geht um die Anstrengungen der Generäle Antonio Castelli (1715), Pietro Pieri (1725) und Giuseppe M. Inghirami Curti (1734). Besonders das Generalkapitel 1750 erließ Dekrete und Instruktionen wie auch das Generalkapitel 1762. Am wichtigsten ist aber der „Methodus studi philosophici et theologici" von Fr. Francesco Raimondo Adami 1769. In der Mitte des 17. Jahrhunderts existierte im Orden also eine Ratio studiorum.

Die Studienkriterien, die herrschenden kulturellen Vorstellungen und die strengen Prüfungen für Studenten erlauben es, das kulturelle Leben der Serviten im 18. Jahrhundert zu beschreiben.

Zunächst scheint es, dass die gelungene Restrukturierung des Ordens während dieser Zeit in seiner besseren Organisation lag, besonders in Italien, wobei besonderes Augenmerk auf die Ausbildungshäuser gelegt wurde. Mehr Brüder wurden für höhere Studien ausgewählt. Die Analyse des Methodus, Gegenstände, Autoren, neue Trends, Irrlehren, die Fragetypen bei Prüfungen zeigen das hohe Niveau und die Offenheit des Ordens für das Studium. Auch der Methodus folgt der bisherigen Linie des Ordens, keiner bestimmten theologischen Schule zu folgen. Wenn Empfehlungen gegeben wurden, dann für die positive und historische Theologie. Die berühmten Serviten dieser Zeit weisen eine große Bandbreite auf. Immer überwogen bei den vielen Servitenprofessoren an italienischen Universitäten Offenheit und das individuelle Profil vor einer „Schule".

Bedeutend ist auch der Beitrag der Theologen der Deutschen Observanz auf dem Gebiet der Theologie und der asketischen Literatur.

Die Serviten nach 1750

Die folgende Statistik ist dem 20. Band der Monumenta Ordinis Servorum Sanctae Mariae entnommen. Es wurde bereits festgestellt, dass die Anzahl der Brüder nach der Restrukturierung von 1652, als 48 Konvente geschlossen wurden, wuchs. 1700 erreichte der Orden den höchsten Mitgliederstand in seiner Geschichte überhaupt.

Provinz	Anzahl der Mitbrüder
Toskana	289
Rom	195
Romagna (Bologna)	205
Lombardei	224
Treviso	96
Veneto (Venedig)	167
Mantua	395
Genua	206
Neapel	106
Korsika, Sardinien	98
Deutschland	348
Böhmen	110
Provence	22
Spanien	203
Eremiten	7
14 Provinzen, 1 Kongregation	2731

Auswirkungen der politischen Situation Europas auf den Orden bis zu den napoleonischen Aufhebungen

In den 100 Jahren von 1770 bis zum Fall Roms 1870 erlitt der Orden zahlreiche Aufhebungen. Diese Aufhebungen, die im 18. Jahrhundert begannen, entsprangen einer allgemein gegen Orden gerichteten Politik, zuerst im Frankreich Ludwigs XV., dann im Habsburgerreich und endlich unter Napoleon Bonaparte.

Die Aufhebungen im Habsburgerreich waren Folge des Staats-Kirchen-Systems des Josephinismus, ausgearbeitet unter Kaiserin Maria Theresia und vollzogen von ihrem Sohn Josef II., der ihr 1780 folgte und dem Konzept seinen Namen gab.

Die Aufhebungen gingen im 19. Jahrhundert im liberalen Spanien, im Königreich Sardinien und im vereinigten Italien weiter. Wo der Orden unter ordensfeindlichen Regimes leben musste, kann man sich die Auswirkungen leicht ausmalen.

Die Andauer der Aufhebungen in einigen dieser Regionen erklärt zumindest zum Teil, warum der Bestand der Konventarchive nicht viel hergibt. Über das späte 18. Jahrhundert gibt es

Die Eremitage von San Bonaventura in Monterano auf einer Zeichnung von 1760

166

wenige Studien. Es gibt Untersuchungen über das Veneto, die römische Provinz und Reggio Emilia.

Endlich muss gesagt werden, dass das Schicksal der aufgehobenen Konvente komplex ist. Es gab Zeiten, wo säkularisierte Ordensleute im Orden bleiben konnten, und solche, wo Ordensleute als Weltpriester wirken mussten und ihre Konvente konfisziert und verkauft wurden. Zum Beispiel Fr. Pietro Ricasoli von der toskanischen Provinz. Er schloss sich den französischen Truppen an und musste nach Frankreich, wo er 1816 Pfarrer in Villemomble wurde, einer kleinen Stadt nordöstlich von Paris. Durch Fügung der Vorsehung haben die Servitinnen von London dort einen Konvent seit 1928. In Italien waren die Auswirkungen der Aufhebungen aufgrund besonderer Umstände weniger hart.

Bezüglich der Aufhebungen können folgende klare Schlüsse gezogen werden: Die ersten Anzeichen für diese Entwicklung gab es im Habsburgerreich, wobei einige Konvente der Deutschen Observanz brutal aufgehoben wurden (1781–1783). Dies war bereits die zweite Welle der Klosteraufhebungen, denn unter der Regierung Maria Theresias gab es schon vor 1780 Schließungen von Klöstern. Die Zeit nach ihrem Tod, 1780–1790, in der ihr Sohn Josef II. regierte, nennt man Josefinismus.

Vor 1772 gab es bereits Aufhebungen in der Republik von Venedig und 1770 wurden die Konvente in der Provence aufgehoben. Die Zahl der Aufhebungen in dieser zweiten Welle war hoch. Rechnet man die restriktiveren Dekrete Josefs II. dazu, verlor die Deutsche Observanz (Tirol, Österreich-Ungarn, Böhmen) die Hälfte ihrer 30 Konvente. Aber der Josefinismus schwächte diese Provinzen überdies, indem er sie um Berufe brachte. Einige Häuser in der Lombardei wurden ebenfalls aufgehoben wie die Konvente in der Republik Venedig. Während der Französischen Revolution und der napoleonischen Periode vollzogen die Habsburger die josefinischen Gesetze weniger streng.

Die napoleonischen Aufhebungen erfolgten in mehreren Phasen. Die erste Phase war verbunden mit seinen Aktionen in Italien, die zweite mit der Errichtung der Römischen Republik und die dritte mit dem Dekret vom 17. April 1810, welches alle Männer- und Frauenorden in allen Gebieten, die die französische

Armee erobert hatte, aufhob. In jeder Phase gab es noch eine Verschärfung.

Zuerst gab es nur eine Vertreibung ausländischer Ordensleute aus den jeweils einheimischen Klöstern. Dann wurden die Besitzungen der Ordensleute konfisziert und die Ordensleute mit einer Pension ausgesteuert. Dann wurden die Konvente selbst ohne Gegengabe enteignet, außer es waren dort drei einheimische Ordensleute. Diese Fälle gibt es nach der erfolgten Vertreibung nicht häufig. 1810 erfolgte eine allgemeine Aufhebung, auch wenn sie nur kurz bis zum Ende der napoleonischen Herrschaft dauerte.

Auch die Oberen waren Gegenstand jener Gesetze, die die Einheimische und Ausländer betrafen. Deswegen war es unmöglich, Provinz- oder Generalkapitel zu halten. Speziell während der zweiten und dritten Welle war die Konfusion innerhalb des Ordens sehr groß, weil auch der Kirchenstaat von der französischen Armee erobert wurde und die dortigen Konvente ebenfalls aufgehoben worden waren. Die Behandlung, die Pius VI. und Pius VII. erfuhren, spiegelt die Situation wieder.

So war dies auch für unsere Generäle zwischen 1809 und 1814. Nur fünf Tage nach der Einnahme Roms am 10. April 1809 wird General Luigi Bentivegni mit anderen Generaloberen in der Engelsburg verhaftet. Eingeschränkt kann er sein Amt noch ausüben. Am 10. Juli schrieb Napoleon von Schönbrunn aus seinem Finanzminister: „Schreibe an General Miollis und seinen Rat, er möge alle Generäle der monastischen Orden nach Paris schicken, um diese einflussreiche Gruppe von Rom wegzubekommen". Die Gruppe, zusammengesetzt von Bentivegni, den Generälen der Franziskaner, Minoriten und der Karmeliten, verließ Rom am 14. August. Sie reisten über Florenz, Genua und Allessandra und kamen am 19. September in Paris an. Bentivegni, aus Rom vertrieben und nach Paris verbannt, bat um die Beibehaltung seiner Befugnisse, bis er zurückkehrte. Er wollte, wo immer er war, sein Amt ausüben bis ihn der Heilige Stuhl durch einen Nachfolger ablöst oder eine andere Lösung trifft, um den Orden zu leiten und zu verwalten. Dies wurde am 2. September gewährt. So ernannte er Fr. Filippo M. Dini als Generalprokurator und Generalvikar. Als solcher leitete er den Orden vom

28. September 1809 bis Juni 1810, als alle Orden im Kirchenstaat aufgehoben wurden.

Über diese Jahre berichtet die Chronik der römischen Provinz: „Das Leid unserer Tage war noch nie zuvor da. 1809 hat die französiche Armee unter Napoleon I. fast ganz Italien besetzt. Sie inhaftierten und verschleppten Pius VII., die Kardinäle, Bischöfe und Prälaten. Mit dem Dekret vom 17. April 1810 wurden alle männlichen und weiblichen Orden in den eroberten Territorien verboten. Welches Leiden ist dadurch über unsere Konvente hereingebrochen? Die Besitzungen wurden konfisziert und verkauft, die Gebäude zerstört. Dies ist der lückenhafte Bericht des Chronisten, von 1810 und 1814."

Nach 1815 hat der Orden diese kritische Situation einigermaßen überstanden, wie die folgenden Kapitel zeigen. Aber schon ein knappes halbes Jahrhundert später brach die nächste italienische Aufhebungswelle als schwere Bewährungsprobe herein.

Herausragende Serviten des 18. Jahrhunderts

Erwähnenswert sind hier Giovanni Domenico Fabris und Sostegno M. Viani. Sie begleiteten Carlo Ambrogio Mezzabarba als Legaten auf seiner Chinareise wegen des Ritenstreites; weiters die Ordensannalisten Luigi Garbi und Placido M. Bonfrizieri; Ugguccione M. Dias Quaresma, und die ins Auge gefasste Gründung in Brasilien; die missionarischen Aktivitäten von Filippo M. Serrati in China; Sr. Maria Electa von Jesus, die Gründerin des Klausurklosters in München; der Bischof Manuel

Beginn des Tagebuchs von Fr. Sostegno M. Viani während der Chinareise wegen des Ritenstreites

MEMORIE
DELLA SECONDA LEGAZIONE
APOSTOLICA
Spedita alla Cina dalla Santità d. N. Sig.^{re}
Papa Clemente XI.
L'Anno d. nostra Salute 1719.

Fernandez de Santa Cruz, der unserem 3. Orden angehörte und wesentlich zu dessen Verbreitung in Mexiko beitrug; Carlo Francesco Caselli und Amadio Bertoncelli; die Gründerinnen der Klausurklöster in Rom und der Reggio Emilia; und einige herausragende Lehrer und Künstler wie Attilio Ottavio Ariosti, Alessandro M. Bandiera, Giuseppe Giacinto M. Bergantini, Luigi Baroni, Giuseppe Salvetti, Giuseppe Antonio Brusa etc..

Noch ein Wort zu Sostegno M. Viani. Die Reise erfolgte anläßlich des Ritenstreites, der erst viel später unter Pius XII. beigelegt wurde. Die Streitfrage war, ob bei Gebeten und Begräbnissen, nicht in substantiellen Dingen, chinesisch inspirierte Riten verwendet werden dürfen oder nicht.

Am Beginn des 18. Jahrhunderts versuchte Rom eine Spaltung unter den Missionaren zu verhindern, indem man den späteren Kardinal Carlo Tommaso Maillard De Tournon nach China sandte. Seine Mission hatte keinen Erfolg und er starb 1710 als Gefangener in der portugiesischen Kolonie Macao. 1719 sandte man die besagte zweite Delegation. Mezzabarba, später Bischof von Lodi, wählte zwei Serviten als Begleiter. Viani wurde 1734–1737 Provinzial von Genua (heute Piemont). Viani hat einen genauen Tagesbericht verfasst, der dann für seinen Freund Mezzabarba als Gesprächsgrundlage im Ritenstreit diente. Der Bericht ist sehr verläßlich und objektiv. 1739, nach Vianis Tod, hat der Verleger Lami diesen veröffentlicht. Diese unvollständige Veröffentlichung ließ den Schreiber der berühmten Papstgeschichte, Pastor, Vianis Bericht für einseitig bewerten. Der ursprüngliche Bericht indes zeigt Fr. Sostegno M. Viani als noble, gebildete und versierte Persönlichkeit. Der Bericht bringt viel realistische und auch wertvolle geografische Information über China.

Die zweite Ausgabe der Ordensannalen – die erste wurde von Arcangelo M. Giani 1618–1622 veröffentlicht – wurde von Fr. Luigi Garbi und Fr. Placido Bonfrizieri 1719, 1721 und 1725 in drei Bänden publiziert. Sie reichte bis 1725 und war auch eine Revision der ersten Ausgabe Gianis. Fr. Luigi M. Garbi war Professor in Pisa und zweimal toskanischer Provinzial (1701–1704, 1719–1722). Für die Annalen, mit denen er 1712 beauftragt wurde, unternahm er zahlreiche Reisen bis zu seinem Tod

1722. Fr. Placido M. Bonfrizieri (†1732), früher Eremit von Monte Senario, war ein Mann breiten Interesses, wie seine zahlreichen Werke mit aszetischer und moralischer Theologie zeigen. Er schrieb überdies eine Biografie des heiligen Pförtners Dupre und war Sekretär des Generals Callisto Lodigieri.

Der Brasilianer Antonio (Fr. Uggucione M.) Dias Quaresma (1681–1756) ist ein anderer ungewöhnlicher Servit. Er kam von Brasilien nach Rom, um für eine Bruderschaft „Die Sklaven Unserer Lieben Frau" einen Ablaß zu erwirken. Hier lernte er General Pieri kennen und lebte als Tertiar eine Zeit in S. Marcello, ehe er mit 52 Jahren ins Noviziat aufgenommen wurde. 1733 wurde er in Gubbio vom Servitenbischof Sostegno M. Cavalli zum Priester geweiht. 1734 verließ er Rom mit den Konstitutionen von Clemens XII. für einen 3. Orden in Brasilien, für den er als Oberer und Generalvikar ernannt wurde. Er gründete ein Hospiz für Ordensleute in Lissabon, weil ihm die portugiesische Regierung die Rückreise nach Brasilien verwehrte. In Lissabon starb er 1756.

Fr. Filippo M. Serrati wurde als Chinamissionar bekannt. 1703 in Lodi geboren, studierte er am Ghent-Kolleg in Rom, wo er in Santa Maria in Via wohnte. 1732 erfüllte sich sein Traum, als Missionar nach China zu gehen. General Pieri ernannte ihn zum Generalvikar für die Gebiete, in die er kommen sollte, mit der Erlaubnis, Sieben-Schmerzen-Bruderschaften zu errichten, den Tertiaren den Habit zu geben, Ablässe zu gewähren und Rosenkränze zu segnen. Er sollte auch Konvente gründen und Kandidaten ins Noviziat aufnehmen. 1732 verließ er Rom mit Missionaren anderer Orden. Über Macao und Peking erreichte er 1738 Lu-gan-fu in der Provinz Shansi, wo er bis 1744 blieb. Erschöpft und krank kehrte er nach Italien zurück. Seine missionarische Aktivität in China fand keinen Nachfolger.

Sr. Maria Electa von Jesus, ein heiligmäßiges Beispiel einer Klausurschwester, gründete das Klausurkloster in München. 1671 in einer adeligen lutherischen Familie in Dresden geboren, trat sie in das Klausurkloster S. Maria del Pianto in Venedig ein. 1715 verließ sie Venedig und ein Jahr später gründete sie das Klausurkloster der ewigen Anbetung, Tag und Nacht, in München. Der Konvent im Herzen der bayerischen Hauptstadt hat alle

Carlo Francesco Caselli

Aufhebungen überlebt, auch während des II. Weltkrieges sein kontemplatives Leben weitergepflegt. Wie seine Konstitutionen 1729 zeigen, empfing er seine Inspiration von den Eremiten von Monte Senario. Dies galt auch schon für die Konvente von Venedig (1669) und Arco (1699).

Die Gründung des 3. Ordens in Mexiko am Ende des 18. Jahrhunderts verdient eine eigene Würdigung.

Seit 1687 gab es eine Sieben-Schmerzen-Bruderschaft in Mexiko, die zehn Jahre später von General Giovanni Francesco Poggi anerkannt wurde. Es war Zeit, auf diese spezifische Form der Marienverehrung soweit weg von Italien zu antworten. Und so wurde 1699 eine kurze Geschichte des Servitenordens in Mexiko City gedruckt. Dies war sicher das erste Buch über unseren Orden, welches auf dem amerikanischen Kontinent veröffentlicht wurde. Es soll auch erwähnt werden, dass Pius VI. der Diözese Mexiko City 1777 die Feier des Schmerzensfestes nach unserem Proprium erlaubt hat. Eine Liste aus dem frühen 18. Jahrhundert enthält illustre spanische Namen von Mitgliedern unseres 3. Ordens. Unter ihnen befindet sich der Bischof von Puebla, Manuel Fernandez de Santa Cruz.

Der Bischof war Spanier und dort gab es bereits Dritt-Ordens-Gruppen seit der ersten in Barcelona 1663. Eine Gruppe gab es auch in Segovia, wo Santa Cruz Domkapitular war, ehe er Bischof von Mexiko wurde. In Puebla förderte er sehr die Verehrung der Schmerzensmutter und der ihr geweihten Bruderschaften. Gegen Ende des Jahrhunderts gab es bereits eine große Blüte des 3. Ordens in Mexiko, dies obwohl es noch keine Gründung der Brüder oder Schwestern gab. Der erste Konvent in Mexiko wird erst fast drei Jahrhunderte später, 1948, gegründet.

Zwei Serviten, die mit Napoleon zu tun hatten, freilich aus verschiedenen Gründen, sind Fr. Carlo Francesco Caselli und Fr. Amadio Bertoncelli. Der erstere war theologischer Berater von Giuseppe Spina und später von Kardinal Consalvi in der Verhandlung eines Konkordates zwischen Napoleon und dem Heiligen Stuhl. Er wurde von Napoleon sehr geschätzt, der ihm auch den Erzbischofsstuhl von Paris anbot. Die Wertschätzung war durchaus gegenseitig und dauerte an, als der Herrscher in Ungnade gefallen war. Bevor Caselli 1828 starb, war er Ratgeber von Napoleons zweiter Frau, Marie Louise von Österreich. Sie bekam das Herzogtum Parma, wo Caselli, jetzt Kardinal, für 24 Jahre Bischof war. Es mag erstaunlich sein, dass Caselli nicht auch in einen anderen Fall, der den Orden direkt berührte, involviert war. Während er Napoleons Gunst genoß, machte Fr. Amadio Bertoncelli, ebenfalls Magister der Theologie und ein bekannter Prediger, eine ganz andere Erfahrung. Nach einer Predigtserie in Wien kehrte er mit einem Brief des Apostolischen Nuntius in Wien für den Papst nach Italien zurück. Er verließ Wien am 6. Mai 1809 und als er in Senigallia ankam, wurde er verhaftet, weil er gefährliche Korrespondenz für den Heiligen Stuhl mitführte. Die Franzosen richteten ihn am 16. September 1809 in Ancona hin. Er nahm dieses Urteil mit Mut und in Würde an. Wenige Stunden vor der Exekution hat er an seinen Mitbruder und Freund Fr. Girolamo Tonelli vom Konvent Budrio einen Brief geschrieben: „Lieber Freund, es ist jetzt nach 9 Uhr abends. Ich warte in meiner Zelle auf den Tod. Morgen früh um 5 Uhr werde ich in der Ewigkeit sein. Ich werde erschossen werden. Bete für meine arme Seele. Sorge dich um meine Hinterbliebenschaft. Nimm Dir, was ich Dir noch schulde, und sorge Dich um

Der letzte Brief Fr. Amadio Bertoncellis vor seiner Hinrichtung 1809

meine Familie. In dieser Agonie versichere ich Dir meine Freundschaft. Grüße jeden: P. Prior, P. Pfarrer, P. Prokurator. Bitte jeden
um Vergebung. Wir werden uns im Paradies wiedersehen, wenn

Gott mir gnädig ist. Grüße auch die Schwestern, Sr. Candida und alle Freunde. Grüße meinen Bruder, meine Schwester, jeden daheim. Danke Rasinelli für alles. Auf Wiedersehn. Ich umarme Dich. Bertoncelli. "

Es gibt eine unbewiesene Geschichte, dass Napoleon den Orden über die Hinrichtung mit einem Telegramm informiert habe. Wusste Caselli vom Arrest? Wenn er wusste, hat er etwas für die Abwendung der Todesstrafe unternommen? Dies ist noch unerforscht.

Bemerkenswert ist, dass an dieser turbulenten Jahrhundertwende zwei Klausurklöster gegründet worden sind: Die später Mantellatinnen genannten begannen ihr kontemplatives Leben 1797 in Rom mit der Hilfe von Vincenzo Masturzi. Er schuf für seine Tochter Elizabetta einen Konvent. Unter diesen ehrwürdigen jungen Frauen befand sich auch Sr. Maria Luisa Maurizi, die ihr Noviziat 1803, im Gründungsjahr des Konventes, begann. 1804 machte sie ihre Profess vor Pius VII. Heute lebt dieser beschauliche Konvent auf dem Fanella-Hügel in Rom, wo sich heute auch die Föderation aller italienischen Klausurschwestern befindet. 1977 wurde die Heldenhaftigkeit der Tugenden für Sr. Maria Luisa erklärt und 1981 wurde ihr 150. Todestag feierlich begangen.

1805 wurde das Klausurkloster der Schmerzensmutter in Reggio Emila gegründet. Es wurde später nach Montecchio verlegt und ist unter dem Namen S. Maria dell Olmo, dem früheren Brüderkonvent, bekannt.

Auch Caselli soll an dieser Gründung großes Interesse gehabt haben.

Noch einige Bemerkungen über andere wichtige Serviten des 18. Jahrhunderts. Neben Girolamo Celotti, Angelo Ferialdi, Cajetan Vogel und Luigi Braccini widmete sich Attilio Ottavio Ariosti (1666–1729) vor allem der Musik. Er war Komponist, Autor mehrerer Theaterstücke, Oratorien, Arien, Lieder und Sonaten. Rastlos wanderte er vom Hof von Mantua nach Berlin, Wien und Paris. Ab 1722 half er der Königlichen Akademie für Musik in London.

Der Florentiner Fr. Giuseppe Salvetti war ein bedeutender Bildhauer, der uns unter anderem auch Büsten zeitgenössischer

Serviten hinterließ. Fr. Alessandro M. Bandiera, vormals Jesuit, Schriftsteller und Übersetzer bedeutender klassischer Werke, wurde von Giuseppe Parini, dem bedeutendsten italienischen Dichter dieser Zeit, hoch geschätzt.

Fr. Luigi Baroni (1723–1809), Bibliothekar und Numismatiker, hat viele unserer wertvollen Bibliotheken wieder hergestellt. Er floh nach der Französischen Revolution aus Frankreich und kehrte in seinen Konvent Lucca zurück, wo er eine reiche Bibliothek von Manuskripten und seltenen Ausgaben organisierte.

Fr. Giuseppe Giacinto M. Bergantini (1691–1774) war ein herausragender Historiker, dessen meiste Werke beim Konventbrand in Venedig 1769 leider vernichtet wurden. Als Schüler Sarpis verteidigte er seinen Lehrer.

Die Liste könnte noch beliebig fortgesetzt werden: Giuseppe Antonio Brusa mit Luigi Poletti, Vorläufer der Äronautik. Carlo Antonio Tassinari, über Jahre der Seelenführer der heiligen Veronika Giuliani, der Theologe Carlo Traversari (1739–1818), Fr. Roberto Costaguti (1732–1818), Gründer und erster Rektor der Universität Malta, dann für 40 Jahre Bischof von Sansepolcro und endlich der berühmte Tiroler Theologe Cäsarius Shguanin (1692–1769).

Sr. Maria Luisa Maurizi

DAS JAHRHUNDERT IM ÜBERBLICK

1712   stirbt Sr. M. Arcangela Biondini, die Gründerin des Klausurklosters in Arco.

1714   wird die Deutsche Observanz in zwei Provinzen geteilt: Tirol (1756 wieder in Tirol und Österreich geteilt) und Böhmen.

1719   wird die Einsiedelei von Monterano gegründet.

1719–1723 die Serviten Giovanni Domenico Fabris und Sostegno M. Viani begleiten Carlo Ambrogio Mezzabarba als Delegaten nach China (Ritenstreit).

1719–1725 geben Luigi M. Garbi und Placido M. Bonfrizieri die zweite Ausgabe der Ordensannalen heraus.

1726   wird Peregrin Laziosi heilig gesprochen.

1727   werden die Konstitutionen der Deutschen Observanz approbiert.

1731   stirbt Carlo Antonio Tassinari, der langjährige Begleiter der hl. Veronika Giuliani.

1733   wird der 1. lateinamerikanische Servit, Fr. Antonio Dias Quaresma aus Brasilien zum Priester geweiht.

1737   wird Juliana Falconieri heilig gesprochen.

1742   stirbt Sr. Maria Electa von Jesus, die Gründerin des Klausurklosters in München (1716).

1769   veröffentlicht General Francesco Raimondo Adami seinen „Methodus", Ratio Studiorum für den Orden.

1770   wird mit einem Königsdekret die Provinz der Provence aufgehoben.

1772   werden die Konvente der Republik Venedig aufgehoben.

1778–1779 hebt der Papst die Kongregation der Eremiten von Monte Senario auf.

1780–1790 regiert Josef II. Der Josefinismus führt zu zahlreichen Aufhebungen von Ordenshäusern in seinem Herrschaftsgebiet.

1798–1799 gründet Napoleon die 1. römische Republik. Alle Konvente im Herrschaftsgebiet werden aufgehoben.

1801	wird zwischen Napoleon und dem Heiligen Stuhl ein Konkordat geschlossen, an dem Carlo Francesco Caselli, vormals General (1792–1798), später Kardinal (1802) und Bischof von Parma (1804–1828) wesentlich mitarbeitet.
1803	wird das Klausurkloster in Rom gegründet.
1805	wird das Klausurkloster in Reggio Emilia, das 1887 nach Montecchio verlegt wird, gegründet.
1809	muss General Luigi Bentivegni ins Exil und Fr. Amadio Bertoncelli wird hingerichtet.
1810	hebt Napoleon alle Orden auf.

8. Kapitel

DAS 19. JAHRHUNDERT

Von der Restauration bis ins frühe 20. Jahrhundert

Eine illusorische Hoffnung
Beide, Profan- und Kirchengeschichte, sehen im Wiener Kongress 1815 ein Schlüsseldatum. In Europa wurde die Hoffnung einer Restauration geweckt. Viele glaubten, dass alles dahin zurückkehrt, wie es vor der napoleonischen Periode war.

Für die Orden und Kongregationen war die Situation komplexer und schwieriger geworden. Die Angriffe hatten in Europa unter Josef II. begonnen und wurden von Napoleon fortgesetzt. Constantino M. Battini, ein Mann großer Bildung, Schriftsteller und General von 1823–1829, bemerkte über das Ende der napoleonischen Herrschaft: „Alle hofften, dass es eine Wiederauferstehung der männlichen und weiblichen Orden gibt." Und in der Tat, gab es eine Wiederbelebung. Was die Anfänge betraf, waren die Hoffnungen nur von kurzer Dauer. Dies galt auch für die Serviten, die meisten von ihnen waren in Italien. Schon einige Jahrzehnte später gab es wieder eine Reihe von Aufhebungsgesetzen. Diese brachten den Orden fast an den Rand des Unterganges. Wenn man die Entwicklung des Ordens im 19. Jahrhundert betrachtet, gab es ab 1815 eine kurze Wiederbelebung, im späten 19. und frühen 20. eine solide und dauerhaftere Wiedergeburt, ab 1960 ein langsames, aber beständiges Wachstum. In der Mitte dieser Zeitspanne (1815–1964) erfolgt 1888 die Heiligsprechung unserer Heiligen Sieben Väter, der Gründer des Ordens, ein Ereignis, das mit der Entwicklung des Ordens im 20. Jahrhundert eng verbunden ist. Die folgenden Kapitel umfassen die frühen

Jahre des 19. bis zu den frühen des 20. Jahrhunderts, als der Orden mehrere Verpflichtungen in der Mission übernahm. Dabei schließt der I. Weltkrieg eine Periode und eröffnet eine andere.

Innerhalb dieser Zeitspanne behandeln wir: das Leben des Ordens von 1815–1848; die Aufhebungen durch die italienische Regierung, die der Besetzung Roms 1870 folgten; der Orden in England und in den USA; die Heiligsprechung der Sieben Heiligen Väter, die eine wachsende Verehrung unserer Heiligen und Seligen nach sich zog; Schwesternkongregationen; Erneuerung im frühen 20. Jahrhundert; die Serviten in Kanada; Konvente von 1848–1911; einige herausragende Serviten des 19. Jahrhunderts.

Das Leben des Ordens von 1815–1848

Von 1815–1848 wurde der Orden durch den vom Heiligen Stuhl ernannten apostolischen Generalvikar Stefano Antommarchi (1814–1823), dann von den Generälen Constantino M. Battini (1823–1829), Vittorio Amedeo Pirattoni (1829–1834), Luigi Grati (1834–1841), Michele Francesco M. Strigelli (1841–1847) und Gaetano M. Bensi (1847–1853) regiert. Jeder von ihnen wollte die aufgehobenen Konvente wiederbeleben, den Orden reorganisieren und das Ordensleben in den Provinzen und Gemeinschaften erneuern. Dabei gab es große Schwierigkeiten, die einerseits von der Unsicherheit der Brüder, andererseits von der labilen gesellschaftlichen Lage herrührten. Was geschah, kann man wirklich als Wiederbelebung bezeichnen.

Alle Generäle waren charakterstark, bestens geeignet für die Erneuerung. Einige hatten die Härten der napoleonischen Ära erlebt, wie Fr. Constantino Battini, 1799 von den französischen Truppen für vier Monate in Dijon gefangengenommen. Andere waren in der Ordensleitung jahrelang erfahrene Mitbrüder.

In einem Verzeichnis der verstorbenen Mitbrüder in der SS. Annunciata findet sich bei Stefano Antommarchi folgende Bemerkung: „In Anerkennung und Dankbarkeit für die Leiden, die der verehrteste Stefano Antommarchi bei der Wiederherstellung der Konvente der toskanischen Provinz erlitten hat, feierten die Brüder ein feierliches Totenoffizium mit seinem Sarg in der Mitte der Kirche, indem sie das Stundengebet rezitierten und eine Messe für ihn aufopferten."

180

Die Provinzen konnten nur langsam konsolidiert werden und die Mitbrüder waren weit verstreut. So ernannten die Generäle, besonders Stefano Antommarchi, Generalvikare für jene Regionen, wo es notwendig war.

1835 gelangte der Orden wieder in den Besitz des bedeutenden Konventes von Monte Berico in Vicenza, nahe Venedig. Aber die alte spanische Provinz schien in den letzten Zügen zu liegen. Die Brüder hatten sich teilweise italienischen Konventen angeschlossen, teilweise lebten sie alleine. Auch wenn es in Spanien keine Konvente mehr gab, überdauerte doch ein liturgischer Kalender mit den Festen der Heiligen und Seligen. Ähnlich wie später in Ungarn, wo die Konvente 1950 aufgehoben wurden. Beidesmal gab es nur noch Brüder, die mit dem Orden nur sporadisch Kontakt hielten.

Es ist nicht überraschend, dass die Generäle von 1815–1848 große Regierungserfahrung besaßen und auch mit hohen Ämtern in der Römischen Kurie betraut wurden. Fr. Luigi M. Grati (1834–1841) war bereits Bischof, als er General wurde. Die Wiederherstellung des Ordens bedurfte Fingerspitzengefühls, juristischer Erfahrung und Verwaltungspraxis. 1848 gab es im Orden wieder 64 Konvente mit 600 Mitbrüdern.

Die Aufhebungen unter der italienischen Regierung bis zu den Ereignissen, die der Besetzung Roms folgten

Es muss zwischen der Gesetzgebung des Königreiches Sardinien und der Gesetzgebung der Regierung des wieder vereinigten Italien unterschieden werden.

Die Religionsgesetze Sardiniens wurden wie folgend erlassen: Das Gesetz vom 19. Juni 1848 stellte die Gleichheit aller Bürger vor dem Gesetz, unabhängig von ihrer Religion, fest, dann die Siccardi-Gesetze 1850, die alle Wallfahrtsorte verboten und Privilegien für die Kleriker aufhoben. Bereits im März hatte ein Gesetz alle karitativen Einrichtungen unter staatliche Aufsicht gestellt. Ein Gesetz vom Juni 1850 sah vor, dass jede Spendenannahme der Regierung gemeldet werden musste. Endlich verbot ein Gesetz vom 29. Mai 1855 alle religiösen Vereinigungen.

Unter der Regierung des vereinigten Italien wurden am 7. Juli 1866 und 15. August 1867 Gesetze erlassen, welche, besonders das erste, die Aufhebung vieler kirchlicher Körperschaften bewirkten. Die Regierung versicherte Unterstützung und den jährlichen Lebensunterhalt für Kleriker, die den aufgehobenen Instituten angehörten. Dieser Lebensunterhalt, der aus Erlösen beschlagnahmter Kirchengüter resultierte, wurde vom Kulturfonds ausbezahlt.

Alle Erzdiözesen wurden aufgehoben und pro Diözese wurde nur ein Seminar erlaubt. Davor wurde das Einkommen des Bistums von Staatsämtern übernommen, um die Pfarrer zu besolden, zu präsentieren und arme Kirchen zu restaurieren.

Die Geschichte hat gezeigt, dass die Aufhebung von Ordenshäusern zwischen 1850 und 1870 fast hätte verhindert werden können, wenn der Heilige Stuhl nachgiebiger gewesen wäre und wenn Sardinien und die Regierung des vereinigten Italien gerechter gewesen wären. So verfügte das Gesetz vom 7. Juli 1866 drastisch: „Der Staat erkennt die Orden nicht länger an, Kooperationen oder Kongregationen, regulär oder säkular; untersagt ist alles kirchliche Gemeinschaftsleben. All diese Organisationen sind hiermit aufgehoben."

Es darf nicht vergessen werden, dass es, nach einer rigiden Anwendung der Gesetze am Anfang, in vielen Teilen Italiens eine Art „illegales Überleben" gab, indem Ordenshäuser stillschweigend von der Regierung weiter toleriert wurden. Es muss auch daran erinnert werden, dass sich viele Orden in Italien um bedürftige Menschen angenommen haben, der Alten und Kranken, und auf diese Tätigkeiten war auch der Staat angewiesen. Es kann hinzugefügt werden, dass die meisten religiösen Organisationen in der josefinischen und napoleonischen Ära eine harte Überlebensstrategie gelernt haben. So verwendete ein Teil fiktive Namen, um ihr Eigentum vor staatlichen Zugriffen zu schützen.

Was das Tragen des Habits anbelangt, war dies zunächst verboten, das Verbot wurde aber oft ignoriert und nicht exekutiert und als das Königreich Italien errichtet war, bemühte sich die Regierung um ein Übereinkommen mit dem Heiligen Stuhl. Auch waren die italienischen Aufhebungen erst in zweiter Linie ideologisch, in erster Linie finanziell bedingt, um für die neue Staatsverwaltung zu Geld zu kommen.

Auf einen begrenzten Orden wie die Serviten, der schon unter vorherigen Aufhebungswellen gelitten hatte und fast ausschließlich in Italien verbreitet war, waren die obigen Gesetze fast fatal. So spricht General Bonfiglio M. Mura in einem Brief von 1863 von „einem Kampf auf Leben und Tod".

Ein Glück war, dass von 1850–1870 herausragende Generäle den Orden leiteten: Gaetano M. Bensi (1847–1853), Albuin M. Patscheider (1853–1859), der erste nicht italienische General aus der Deutschen Observanz, Bonfiglio M. Mura (1859–1868) und Giovanni Angelo M. Mondani (1868–1882). Mura nannte es ein Unglück der Zeit, keine Novizen aufzunehmen, andererseits einen Segen, den Orden in andere Länder zu verbreiten. Jedenfalls lebte man in den wenigen verbliebenen Konventen eine disziplinierte Observanz.

Wiederum haben wir hier eine nicht gut erforschte Periode der Ordensgeschichte vor uns. Erst jüngste Erkenntnisse bringen etwas Licht in die Wirren dieser Tage.

Es ist nicht leicht, die niedrigste Zahl der Mitbrüder während der Aufhebungen des 19. Jahrhunderts festzustellen. Wahrscheinlich wurde der Orden bis auf knapp über 300 Mitbrüder reduziert. Die größte Gefahr drohte durch das Verbot, neue Novizen aufzunehmen.

General Bonfiglio Mura öffnete 1863 zwei Noviziate in S. Marcello und Monte Berico, Vicenza, nur diese waren dem Orden erlaubt. Auch verpflichtete er jene Mitbrüder, die außerhalb ihrer Konvente lebten, ihre Gehälter den Oberen abzugeben, in einen Fonds, um neue Studenten auszubilden.

Seit dem Generalat von Pirattoni hatte sich der Orden bereits nach Neugründungen außerhalb von Europa umgesehen. 1830 konnte der Orden eine ihm angebotene Mission in Burma nicht übernehmen. Zwischen 1840 und 1842 versuchten zwei Mitbrüder der aufgehobenen spanischen Provinz, allerdings ohne Erfolg, eine Mission in Mindanao, Philippinen, zu gründen. Zur selben Zeit wurde der Orden mit der Apostolischen Vize-Präfektur Arabien mit Sitz in Aden, heute Südjemen, betraut. Dies dauerte nur bis 1849, ist aber ein Zeichen der Vitalität in harten Zeiten. Unter dem Generalat Muras wurde dann die erste Gründung in England gemacht.

Diener Mariens in England und den USA

1864 erreichten zwei Mitbrüder England, um dort den Orden der Diener Mariens zu errichten. Es waren Fr. Philipp M. Bosio und Austin M. Morini. Innerhalb von drei Jahren eröffneten sie 1867 den ersten Konvent in London. Beim Generalkapitel 1895 wurde England zum Provinzkommissariat erhoben, 1914 zur heutigen Provinz.

In den ersten Tagen gab es viele Schwierigkeiten, die Herausforderung der Beziehung zu den Schwestern von London, die den Orden um Priester gebeten hatten. Die Gründer waren nicht nur Männer der Herzlichkeit und Qualität, sondern starke Persönlichkeiten. Die „italienische" Art der Gründung schuf einige Hindernisse, aber das gilt wohl für alle solche Unternehmen. So bemühte sich schon die erste Generation, der neuen Gründung ein englisches Gesicht zu geben.

*Basilika „Our Lady of Sorrows",
Chicago*

184

Die Präsenz der Serviten in den USA währt seit 1852, als zwei Laienbrüder der Tiroler Provinz, Fr. Franz M. Paulsteiner und Fr. Bruno M. Kaufmann, zwei Wiltener Missionare begleiteten und in Wisconsin ankamen. 1853 folgte Fr. Antonius M. Grundner, ebenfalls aus der Tiroler Provinz, der zuerst unter der deutschsprachigen Bevölkerung New Yorks zu wirken begann, dann in Ostpennsylvanien und endlich als Pfarrer von St. Alfons in Philadelphia.

Wie der Ordenskatalog 1970 feststellt, wurde damit keine Gründung gemacht, und nach Fr. Grundners Tod 1876 endete das Engagement der Tiroler Provinz in den USA.

Während des I. Vaticanums lud der Bischof von Green Bay, Josef Melcher, die Serviten ein, in seiner Diözese zu arbeiten. Noch im selben Jahr übernehmen vier Mitbrüder unter der Leitung von Fr. Austin M. Morini die St.-Karls-Kirche in Mena-

„St. Mary's Priory", London

185

sha, Wisconsin. 1874 lud Bischof Foley den Orden nach Chicago ein, welches das Zentrum des servitanischen Lebens in den USA wird. 1909 wurde die amerikanische Provinz errichtet.

Der Erfolg der beiden amerikanischen Provinzen ist sicher einer soliden Gründung zu verdanken. Besonders das Archiv der Ostprovinz enthält viele historische Dokumente.

Die Heiligsprechung der Sieben Väter und die wachsende Verehrung der Ordensheiligen und -seligen

Die meisten Seligen unseres Ordens wurden im frühen 19. Jahrhundert beatifiziert. Pius VII. approbierte 1804 Messe und Offizium der seligen Elisabeth Picenardi. 1806 approbierte er dasselbe bei Jakob, dem Almosengeber, und Andreas von Faenza. 1821 approbierte derselbe Papst den Kult des seligen Ubald von Sansepolcro und 1822 den Bonaventuras von Pistoia. 1828 approbierte Leo XII. die Verehrung der seligen Johanna von Florenz und 1829 sprach Pius VIII. Johannes Benincasa von Montepulciano selig.

Dadurch, und durch die wachsende Verehrung der neuen Seligen, wurde der Orden ermutigt, den Heiligsprechungsprozess der Sieben Väter wieder aufzunehmen.

1884 verfügte Leo XIII., dass die Causa der Sieben weitergehen solle, nach einem Intervall von 150 Jahren, wobei vier Wunder, die sie als Gruppe gewirkt hatten, ausreichten.

Das Dekret, das die vier Wunder anerkannte, wurde am 27. November 1887 präsentiert. Mittlerweile hatte der Orden den 600. Todestag des heiligen Philipp Benitius (1285–1885) gefeiert.

Leo XIII. sprach die Sieben Väter am 15. Jänner 1888 heilig. Der Ordenshistoriker Rossi, der 1968 starb, berichtet, dass Monte Senario in diesem Jänner tief im Schnee lag, der die Reise zahlreicher Mitbrüder zu den Feiern verhinderte. Einer, der teilnahm, war Antonio Pucci, der vier Jahre später starb und 1962 heilig gesprochen wurde.

Das Heiligsprechungsdekret nennt auch die Namen der Sieben: Bonfilius, Bonajuncta, Manettus, Amideus, Hugo, Sosteneus und Alexius. Es ist das jüngste der alten Dokumente, das diese Namen aufzählt, obwohl Historiker sie anzweifeln. Wirk-

Leo XIII. sprach die Sieben Gründerväter am 15. Jänner 1888 heilig

Fr. Pier Francesco M. Testa

lich gesichert gelten nur der erste, Bonfilius und der letzte, Alexius.

Die kirchliche Autorität hat ja ohnehin immer der Gruppe den Vorrang gegeben, indem sie die vier Wunder, die sie als Gruppe gewirkt hatten, anerkannte. Jedenfalls sind sie die erste Gruppe von Heiligen, die zusammen heilig gesprochen wurden, ohne Märtyrer zu sein. Die Heiligsprechung, die zu einem Zeitpunkt erfolgte, wo die gegen die Orden gerichteten Gesetze gelockert wurden, gab dem Orden neues Selbstvertrauen. Damit kann man auch verstehen, warum Promotoren der Heiligsprechung wie Antonio Pucci so inbrünstig dafür arbeiteten und beteten.

Die Kanonisation ist bleibend verbunden mit dem Generalat von Testa (1882–1888), die weitere Vorbereitung verdankt sich Fr. Giovanni Angelo Mondani (1868–1882) und auch Bonfiglio Mura, einem innigen Freund Leos XIII.

Servitanische Schwesternkongregationen

Von der Mitte des 19. Jahrhunderts an schlossen sich aus verschiedenen Teilen der Welt verschiedene Kongregationen der servitanischen Familie an. Einige wuchsen innerhalb des Ordens und hatten oft den Ursprung im 3. Orden wie die Servitinnen von Florenz, Pistoia, Galeazza, die Compassionistinnen und die Riparatrici. Andere schlossen sich kurz nach der Gründung dem Orden an, aufgrund der ähnlichen Spiritualität, des Dienstes oder der Verehrung Mariens.

Die erste dieser Kongregationen, 1840 gegründet, stammt aus Frankreich und nennt sich ab 1852 in England Compassionistinnen. Sie lebten am St.-Mariens-Priorat in London. 1864 fuhren Mutter Philomena Morel und Sr. Antonia Loughnan nach Rom, um den Anschluss an den Orden zu bitten.

1893 erfolgte eine Gründung in Mount Vernon, Indiana (USA), und zwei Jahre später in Enfield, Illinois. Diese Gründungen wurden zur amerikanischen Provinz mit dem Provinzialat in Omaha, Nebraska. Die Kongregation gründete überdies Niederlassungen in Kanada, Jamaika, Belgien, Frankreich und Österreich.

Eine Schwesterngemeinschaft wurde 1854 in Tiruchirapalli in Indien gegründet und die einzelnen Schwestern elf Jahre später in den 3. Orden aufgenommen. Die Kongregation wuchs unter dem Generalat von Mutter Maria Alexis (1898–1916) stark an. Gegenwärtig ist es mit 1000 Schwestern die größte Kongregation in Indien, Myanmar (ehemals Burma) und Australien.

Seit 1864 wurden zahlreiche Kongregationen dem Orden angeschlossen. Einige gehören aus verschiedenen Gründen nicht mehr zum Orden. Ein Grund ist entweder ihre Aufhebung oder ihre Fusion mit anderen Kongregationen des Ordens. So haben die Servitinnen von Pistoia unter anderen Gruppen auch die Servitinnen von Viareggio inkorporiert, die anfangs unter der Leitung Antonio Puccis standen.

Die folgende Liste enthält das Gründungsdatum und das des Anschlusses an den Orden. Dies war ein erster offizieller Kontakt, der sich zu einer immer größeren Verbindung vertiefte. Es sind alle Kongregationen aufgeführt, die aktuell dem Orden angeschlossen sind, auch die im 20. Jahrhundert gegründeten.

Die Gründerin der Minime dell Adolorata, Clelia Barbieri († 1870), wurde von Paul VI. selig und von Johannes Paul II. heilig gesprochen. Für eine ganze Zahl von Gründerinnen oder andere Schwestern läuft ein Seligsprechungsprozess: Sr. Maria Luisa di Gesu, Gründerin der Servitinnen der Schmerzensmutter von Neapel, die 1875 starb; Sr. M.

Clelia Barbieri

189

Consiglia dello Spirito Santo, die Gründerin der Servitinnen von Nocera († 1900); Sr. M. Maddalena della Passione, Gründerin der Compassionistinnen († 1921); Sr. M. Dolores Inglese, von den Riparatrici († 1928); deren Gründerin M. Elisa Andreoli († 1935); M. Eleonora Giorgi von den Schwestern der Schmerzensmutter von Florenz († 1945). Eine solche Liste muss auch den seligen Don Ferdinando Baccilieri enthalten, Tertiar und Gründer der Servitinnen von Galeazza († 1893).

Kongregation	Gründung	An den Orden angeschlossen
Servitinnen von London	1840	1864
Schwestern der Schmerzensmutter von Neapel	1840	1951
Servitinnen von Ravenna	1852	1868
Servitinnen der Schmerzensmutter von Florenz	1854	1876
Servitinnen von Indien	1854	1865
Mantellatinnen von Pistoia	1861	1868
Servitinnen von Galeazza	1862	1883
Minime der Schmerzensmutter (Le Budrie)	1868	1951
Compassionistinnen	1869	1893
Servitinnen der Schmerzensmutter von Nocera	1872	1880
Servitinnen der Schmerzensmutter von Chioggia	1873	1918
Schwestern der Vorsehung (USA)	1873	1894
Servitinnen von Jolimont, Belgien	1881	1927
Servitinnen von Pisa	1896	1916
Servitinnen von Albanien	1898	1989
Servitinnen Riparatrici	1900	1910
Servitinnen Ladysmith (USA)	1912	1921
Servitinnen von Brasilien	1917	1922
Servitinnen von Ungarn	1922	1925
Servitinnen von Swasiland	1932	1935
Missionarinnen der Schmerzensmutter von Mexiko	1942	1953

Nach dem Zusammenbruch des Sozialismus erholten sich die Kongregationen in Albanien und Ungarn wieder langsam. Beide Gemeinschaften hatten die Regimezeit überstanden.

Erholung des Ordens im frühen 20. Jahrhundert

Um die Jahrhundertwende gab es zahlreiche Anzeichen einer Erneuerung und Erholung des Ordens. 1891 wurde in Brüssel, Belgien, ein Konvent gegründet. Vier Jahre später wurde der Sieben-Väter-Konvent in Florenz errichtet, während im selben Jahr das Internationale Kolleg S. Alessio gegründet wurde. Dieses Kolleg war der Nachfolger des Ghent-Kollegs und der Vorläufer der päpstlichen Fakultät Marianum.

1897 begann die moderne Ordensgeschichtsschreibung mit der ersten Ausgabe der „Monumenta Ordinis Servorum Sanctae Mariae", herausgegeben von Fr. Austin Morini und Fr. Peregrin Soulier. In den ersten beiden Bänden finden sich die Constitutiones antiquae und die Constitutiones novae (Dekrete der Generalkapitel von 1295–1473), die Ursprungsgeschichte und die Legende des seligen Philipp. Weiters wurden die alten deutschen Konvente und das erste Kolleg in Paris behandelt. Die Verwaltungsregister der Generalate von Philipp Benitius und Lothar von Florenz (1267–1300) wurden ebenfalls gedruckt. Die Texte der Monumenta sagen, dass die Inspiration von der Rückkehr zu den Ursprüngen komme.

Zu dieser Zeit war das Augenmerk des Ordens auf weitere Gründungen außerhalb Italiens gerichtet. Weil ein Versuch einer Wiedergründung in Spanien 1900 scheiterte, beschloss das Generalkapitel 1901 die Gründung von Missionen bei Nichtglaubenden. Über mehr als zehn Jahre verstrichen, bis das Vorhaben in die Tat umgesetzt wurde. Inzwischen war die ganze Atmosphäre im Orden von Erneuerung und Mission erfasst.

Eine beträchtliche Anzahl von Mitbrüdern spielte eine hervorragende Rolle bei einem Marianischen Kongress, der 1904 in Rom zum 50. Jahrtag des Dogmas von der Unbefleckten Empfängnis (1854) abgehalten wurde.

1905 wurde wegen der Revision der Konstitutionen ein außerordentliches Generalkapitel einberufen und 1907 promulgiert. Diese Revision wurde auch von der Deutschen Observanz, die aus den zwei Provinzen Tirol und Österreich-Ungarn bestand, akzeptiert.

Erstmals seit 1430 war der Orden wieder unter für alle gleichen Konstitutionen vereinigt.

Die Zeit des Modernismus hatte keine großen Auswirkungen auf den Orden. An dieser Stelle darf angemerkt werden, dass der Orden immer gehorsam gegenüber dem Heiligen Stuhl war. Fr. Filippo M. Ferrini († 1972) erinnert sich in seinen persönlichen Aufzeichnungen, dass das Generalkapitel 1901 verfügte, graduierte Mitbrüder nicht an „modernistischen" Zentren weiterstudieren zu lassen. Diese Entscheidung ist bezeichnend für die theologische, kirchentreue Linie des Ordens während seiner Geschichte.

Eine allgemeine Atmosphäre des missionarischen Enthusiasmus ließ den Orden daran denken, echte Missionsgebiete kurz nach 1900 zu übernehmen. Diese Seite der Ordensgeschichte wurde noch nicht geschrieben. Stiftungen und Fonds wurden für die Mission unter den Nichtglaubenden gegründet. Vorschläge für Missionen wurden genau geprüft. Dieser Arbeit nahm sich vor allem ein junger Priester der bolognesischen Provinz, Fr. Prospero M. Bernardi, an, der der erste Provinzvikar des Ordens in Kanada wurde und später der erste Bischof der brasilianischen Mission Accre-Purus.

St. Anthony's, Ottawa

192

Die Serviten in Kanada

Der Orden kam aus eben diesem Missionsgeist 1912 nach Kanada. Eine Menge von Faktoren brachten ihn in dieses Land. Diese Gründung war das erste konkrete Resultat vieler missionarischer Pläne und Träume. Kanada wurde noch vor dem Swasiland gegründet. Heute mag es befremdend erscheinen, Kanada „Mission" zu nennen. Doch diese Bezeichnung findet sich in den damaligen Dokumenten. So bezeichnet General Giuseppe M. Lucchesi (1907–1913) dieses Gebiet auch in seinem Brief an die drei Mitbrüder aus Florenz, die nach Kanada aufbrechen. Hier sollte auch die damalige Mentalität berücksichtigt werden. Jeder, der Europa verließ, um in den jungen Kirchen jenseits des Atlantik, besonders unter den Einwanderern zu wirken, wurde als Missionar angesehen. Neben der Seelsorge an den Einwanderern war die Evangelisation der Indianer vorgesehen. Wie immer, die Gründung in Kanada entspringt dem missionarischen Elan, der der Heiligsprechung der Sieben Väter folgte.

Da gab es aber auch andere Faktoren, die die Gründung in Kanada beeinflussten. Erwähnt werden muss Bischof Ignace Bourget (1840–1885), der als Tertiar unserem Orden sehr verbunden war und die Verehrung der Schmerzensmutter sehr förderte. 1910 nahm Fr. Alexis M. Lepicier, später General und Kardinal, am eucharistischen Kongress in Montreal teil. 1911 wurde Erzbischof Pellegrino M. Stagni von Aquilea, früher General, als Apostolischer Delegat nach Kanada und Neufundland gesandt.

1912 kamen die ersten drei Serviten der toskanischen Provinz nach Kanada: Fr. Ildefonso M. Francesconi, Fr. Angelico M. Barsi und Fr. Aurelio M. Prosperi. Die Vorbereitungen erfolgten überraschend schnell.

Erst wollte Pfarrer Rusconi, Kanadier italienischer Abstammung, seine Pfarre in Montreal verlassen, die überwiegend aus italienischen Einwanderern bestand. Erzbischof Stagni von Montreal informierte darüber Rom, dass dies den Serviten die Tür nach Kanada öffne. Gleichzeitig hatte der Erzbischof von Vancouver an der Westküste Stagni um einen italienischen Priester für die 4000 Italiener seiner Stadt und die seiner weiten Diözese gebeten. Stagni antwortete, dass dies italienische Serviten sein könnten und der Erzbischof war von dieser Idee angetan. Als Stagni sah, dass Brüder aus der amerikanischen Provinz dafür nicht in Frage kämen, schrieb er dem General in Rom (16. 1. 1912). Bereits am 29. Januar trat der General mit dem toskanischen Provinzial in Verbindung und am 29. März 1912 kamen die drei Brüder in Kanada an.

Doch wie vorbereitet waren sie für diese Aufgabe? Außer Italienisch beherrschten sie nur Latein. Enthusiasmus und Liebenswürdigkeit sind wichtig, aber sind nicht alles. Sie verließen nie Montreal Richtung Vancouver, übernahmen aber zwei Pfarren italienischer Einwanderer, Unsere Liebe Frau vom Berge Karmel und Maria, Schützerin, die noch heute zur toskanischen Provinz gehört. Inzwischen übernahm die amerikanische Provinz doch die Pfarre in Vancouver. Nicht viel später wurde der Orden mit der St.-Antonius-Pfarre in Ottawa betraut, ebenfalls italienische Einwanderer. Hier sollte auch ein Studienhaus des Ordens entstehen.

Schon 1920 hatte die Mehrheit der Aspiranten französische Vornamen und der Orden bekam zunehmend einen kanadischen Charakter. Das Wachstum war blühend. Nach einigen Jahren als Provinzkommissariat wurden die Konvente 1948 eine eigene Provinz. 1979 wurden die Konvente in Frankreich in die kanadische Provinz inkorporiert, 1989 die Belgiens. Heute ist das Vikariat Frankreich-Belgien ein Vikariat der kanadischen Provinz. Bereits zwei Generäle verdankt der Orden Kanada: Fr. Michel M. Sincerny, der 1948 bei der Provinzerhebung in den Orden eintrat (1977–1989), und P. Hubert M. Moons (1989–2001).

Servitenkonvente von 1848–1911

1848, 33 Jahre nach dem Wiener Kongress, gab es in Europa 64 Konvente mit 600 Mitbrüdern, die spanischen nicht eingeschlossen, die nach der Aufhebung 1835 allein lebten, sich aber als Ordensmitglieder betrachteten. Fr. Marco M. Gradenigo war Apostolischer Vizepräfekt in Aden, Süd-Jemen.

1885, nach einer langen Unterdrückungswelle in Italien, gab es 53 Konvente, davon 34 in Italien (1848 waren es noch 46). Der Orden war überdies in England, Österreich und Ungarn präsent.

Zwei Konvente zählten in den USA 15 Mitbrüder. Im Orden gab es 359 Mitbrüder. 25 Jahre später, 1911, gab es im Orden 63 Konvente, davon 35 in Italien und 28 anderswo, einen in Belgien und sieben in den USA. Die Anzahl der Mitbrüder war auf 584 gestiegen, 54 davon in den USA.

Einige herausragende Serviten im 19. Jahrhundert

Aus einer Unzahl von herausragenden Gestalten sollen vier herausgegriffen werden: Fr. Bonfiglio M. Mariani, einer der letzten Eremiten von Monte Senario; Fr. Bonfiglio M. Mura, einer der herausragenden Generäle, Lehrer und Schriftsteller, tief involviert in die Ereignisse seiner Zeit; Fr. Antonio M. Pucci, der kleine und heilige Pfarrer von Viareggio; Fr. Austin M. Morini, Ordenshistoriker, unter den ersten zwei Brüdern in England und erster Oberer in den USA.

Fr. Bonfiglio M. Mariani wurde 1734 in Camaiore, in der Provinz Lucca, geboren. Noch ganz jung, schloss er sich den Eremiten von Monte Senario an. Anschließend lebte er in den Eremitagen von Monterano und Cibona. Als die Kongregation mit dem Orden wieder vereinigt wurde, übersiedelte er in die Gemeinschaft S. Maria in Via in Rom, wo er 1831 starb. In seiner Spiritualität verehrte er besonders das Allerheiligste Sakrament und die Schmerzensmutter. Außerdem wurde er für sein heiligmäßiges Leben und sein herausragendes Apostolat bekannt. Viele sprachen von ihm nach seinem Tode als Heiligen. Viele Andenken sind von ihm überliefert.

Fr. Bonfiglio M. Mura wurde in Cagliari in Sardinien am 6. August 1810 geboren. Er entstammte einer Künstlerfamilie. Mura lernte die Serviten in seiner Heimatstadt kennen und trat mit 15 in den Orden ein. Er studierte in Florenz, Genua und Turin und wurde 1833 zum Priester geweiht. Er wechselte nach Sassari, wo er in Theologie promovierte und dann Professor für Philosophie wie auch Regens studiorum wurde. 1842 wurde er, erst 32 Jahre alt, von der Regierung und dem Heiligen Stuhl zum Erzbischof von Oristano, Sardinien, ernannt, doch er lehnte ab. 1847 wurde er für sechs Jahre zum Ordensprokurator ernannt. 1853, als er nach Sardinien zurückkehren wollte, ernannte ihn Pius IX. zum Professor für Naturrecht und Völkerrecht in Perugia. 1854 wurde er Rektor der Universität und 1859 als solcher wiedergewählt. Doch kurz zuvor hatte ihn das Generalkapitel zum General gewählt.

Eine intensive Korrespondenz zwischen Mura und Gioacchino Pecci, dem Bischof von Perugia und späteren Papst Leo XIII. beweist, dass ihn das Verlassen Perugias vor großen Repressalien durch die Revolutionäre bewahrt hat. Fr. Mura blieb bis 1868 General. Es wurden ihm aber auch andere Aufgaben anvertraut. 1860 wurde er zum Rektor der römischen Sapientia-Universität gewählt, einen Titel, den er bis 1876 innehatte, allerdings war er ab 1870, der Besetzung Roms, wirkungslos.

Er war Mitglied der theologischen Fakultäten von Florenz, Perugia und Siena, ein Berater der Glaubenskongregation und der Poenitentarie, Mitglied der Syllabus-Kommission und persönlicher Berater mehrerer Kardinäle. Auf dem Vaticanum I war er Konsultor der Kommissionen Glaube und Dogma. 1870 musste er nach feindlichen Studentendemonstrationen an der Sapientia-Universität aus Rom fliehen. So kehrte er in seine Geburtsstadt Cagliari zurück. 1778 und 1779 unterrichtete er Natur- und Völkerrecht am Seminar von Cagliari. Leo XIII. ernannte ihn zum Erzbischof von Oristano und er wurde 1879 in Sardinien geweiht. Dieses Amt hatte er bis zu seinem Tode am 18. Juli 1882 in Cagliari inne. Ursprünglich im Stadtfriedhof beigesetzt, wurde sein Leichnam am 1. Oktober 1902 in die Kirche Maria Schnee in Cagliari überführt.

Fr. Bonfiglio M. Mura veröffentlichte ca. 30 Werke, 20 unter seinem Namen, den Rest anonym. Seines Namens ist man noch in Sardinien eingedenk, wo Straßen nach ihm benannt sind und es Denkmäler gibt. Einige Kommentatoren beschreiben ihn vor dem Fall Roms als konservativ und reaktionär. Dieser Eindruck kann entstehen, wenn man seine Werke aus der Perspektive der modernen Gesellschaft liest. Sicher war er loyal und prinzipientreu, was ihm zu seiner Zeit Respekt einbrachte.

Der heilige Anton Maria Pucci wurde 1819 geboren. Sein Vater war Bauer und Mesner an der Pfarrkirche von Poggiole, einem kleinen Dorf nördlich von Florenz. Er war eines von zehn Kindern, wobei eine Tochter adoptiert war. Antonio blieb bis 18 zuhause, wurde aber von seinem Heimatpfarrer, einem gebilde-

oni pastoris imaginem quotiescumque animo consideramus, suavissima illa mentem subeunt verba, quibus Christus intima sui cordis discipulis aperiens totius vitae suae rati-

Papst Johannes XXIII. sprach Anton Maria Pucci am 9. Dezember 1962 heilig, die Bulle beginnt mit den Worten: „Zu jeder Zeit betrachten wir das Bild des guten Hirten".

ten toskanischen Priester, ins Studium eingeführt. 1837 begleiteten ihn sein Vater und der Heimatpfarrer zur SS. Annunciata, wo er in den Servitenorden eintrat. Er wurde ins Noviziat aufgenommen und änderte seinen Taufnamen Eustachio in Antonio. Nach dem Gesetz der Zeit konnte er vor 25 nicht Profess machen. Von 1839–1843 lebte und studierte er auf dem Monte Senario in rauem Klima und strenger Disziplin und wurde am 24. September 1843 zum Priester geweiht.

Im folgenden Jahr wurde er nach Viareggio versetzt, wo vier Jahre zuvor die neue Pfarre St. Andreas errichtet worden war. Dort beendete er auch seine Studien mit dem Bakkalaureat und wurde 1847 mit der Pfarre betraut. 1850 erreichte er den Magister der Theologie. Er blieb bis zu seinem Tode 1892 in Viareggio, wobei er von 1883–1890 Provinzial der toskanischen Provinz war.

Das halbe Jahrhundert, das er in Viareggio verbrachte, war voll mit wichtigen Ereignissen. 1847 kam Lucca zum toskanischen Großherzogtum. Im selben Jahr gab es eine Hungersnot und 1854 eine Choleraepidemie. In dieser Zeit verließ Fr. Pucci nie Viareggio. Die Aufhebungen brachten auch seine Gemeinschaft 1866 in arge finanzielle Bedrängnis, doch Pucci ließ sich nicht beirren. Seine besondere Sorge galt den armen Fischern seiner Pfarre, deren Familien er Katechese und den Kindern eine religiöse Grundlage gab. Mit größter Sorgfalt bereitete er seine Predigten vor. Er sorgte überdies für die materiellen und seelischen Bedürfnisse der Kinder und Jugend. Für kranke Kinder errichtete er den ersten Seekurort in Italien.

Das geistliche Leben von Fr. Antonio war geprägt von Gelassenheit, Einfachheit und Armut. Am wichtigsten war das Allerheiligste Sakrament, dann die Verehrung der Schmerzensmutter, seine Verbundenheit mit der servitanischen Familie und sein Einsatz in der Novizenpastoral. Am 21. Mai 1963 hat ihn der spätere Papst Johannes Paul I. in der Basilika von Monte Berico eingehend gewürdigt. In einer der schwersten Perioden der Ordensgeschichte meisterte Pucci jede Situation durch Glauben und Durchhaltevermögen. Papst Johannes XXIII. sprach ihn am 9. Dezember 1962 heilig. Die Bulle beginnt mit den Worten: „Zu jeder Zeit betrachten wir das Bild des guten Hirten". Das Pfarrerchen von Viareggio war wirklich ein guter Hirte.

Auch über Fr. Austin M. Morini (Florenz 1826–Rom 1909) gibt es Biografien. Als Jugendlicher war er sehr an Humanwissenschaften und Geschichte interessiert. Er hatte einen schöpferischen Geist, wie seine Korrespondenz mit vielen Großen seiner Zeit zeigt. Von 1864–1888 leistete er einen entscheidenden Beitrag zu den Neugründungen in England und den USA. 1888 wählte ihn das Generalkapitel zum Postulator für Heilig- und Seligsprechungen. Zusammen mit Fr. Peregrin M. Soulier gab er

Fr. Austin M. Morini

die „Monumenta Ordinis" heraus, sich ganz dem Studium widmend. 1885 wurde er mit allen, nur Generälen vorbehaltenen Privilegien ausgezeichnet. Seine letzten Jahre verbrachte er in Santa Maria in Via, wo er 1909, 84 Jahre alt, starb.

Viele würden hier auch noch eine Würdigung verdienen.

Beispielsweise Fr. Gavino Secchi-Murro (1794–1868), von 1835–1841 Ordensprokurator, großer Förderer der Missionen, Verteidiger von Rosmini. Große Missionare, vor der Errichtung der Ordensmissionen im 20. Jahrhundert, waren Antonio Buenajunta Foguet, Bernardo Rabascall, José Viñes, Pellegrino Serafini und Marco M. Gradenigo.

Titelblatt des arabisch-italienischen Wörterbuchs von Fr. Antonio Buenajunta Foguet

Fr. Alessio M. Biffoli (1828–1892) war Pfarrer in Santa Maria in Via, Rom, trat in den Orden ein, wurde Pfarrer von S. Marcello und später Bischof von Fossombrone.

Einige der Generäle wurden bereits erwähnt, doch alle trugen zur Stärkung des Ordens im 19. Jahrhundert bei: Pier Francesco Testa (1882–1888), Andrea M. Corrado (1889–1895), Giovanni Angelo Pagliai (1895–1901), Pellegrino M. Stagni (1901–1907) und Giuseppe M. Lucchesi (1907–1913).

Auch an folgende sollte erinnert werden: Ferdinando M. Baccilieri, Tertiar und Gründer der Servitinnen von Galeazza; Fr. Philipp M. Bosio und Fr. Appolloni, die sehr an der Gründung in England beteiligt waren; Fr. Manetto Niccolini, der 1867 bei Garibaldis Einfall in Viterbo tödlich verwundet und später überraschend als Held der italienischen Vereinigung gefeiert wurde.

DAS JAHRHUNDERT IM ÜBERBLICK

1814–1823 regiert Fr. Stefano Antommarchi als Apostolischer
Generalvikar den Orden, der sich nach den
napoleonischen Aufhebungen leicht erholt.

1831 stirbt Fr. Bonfiglio Mariani, der letzte Eremit von
Monte Senario. Im selben Jahr stirbt auch die
Dienerin Gottes, Maria Luisa Maurizi.

1835 kehren die Serviten offiziell nach Monte Berico
zurück. Die spanische Provinz wird aufgehoben.

1840–1842 versuchen Brüder der ehemaligen spanischen
Provinz ohne Erfolg eine Mission in Mindanao auf
den Philippinen zu gründen.

1840–1849 wird der Orden mit der Apostolischen
Vize-Präfektur Arabien mit Sitz in Aden, heute
Süd-Jemen, betraut.

1841 wird der Konvent St. Andreas in Viareggio
gegründet, wo der heilige Anton Maria Pucci von
1847 an 45 Jahre Pfarrer ist.

1852 betreten die ersten Serviten den Boden der USA.

1859–1869 ist Fr. Bonfiglio M. Mura General.

1860 wird unser 3. Orden in Kuba errichtet.

1864 werden die Mantellatinnen von England, jetzt
Servitinnen von London gegründet, als erste einer
Reihe von weiblichen Kongregationen. Die Brüder
machen eine Gründung in England.

1866 werden die Orden von der Regierung des
wieder vereinigten Italien wiederum aufgehoben.

1870 wird der erste Konvent in den USA gegründet.

1877 kehren die Serviten nach einem Jahrhundert der
Abwesenheit nach Frankreich zurück
(Vaucouleurs-Kolleg).

1885 wird der 600. Todestag des heiligen Philippus
Benitius feierlich begangen.

1888 Am 15. Jänner spricht Leo XIII. unsere
Sieben Väter heilig. Nach fast 30 Jahren wird
wieder ein Generalkapitel, und zwar in Rom
gefeiert. Dazwischen gab es 1883 nur einige

	Provinzkapitel italienischer Provinzen. In diesem Jahr wird auch das Klausurkloster in Bognor Regis, England, gegründet.
1890	werden die Konvente der piemontesischen Provinz für neun Jahre an die bolognesische Provinz angeschlossen.
1891	gründet der Orden einen Konvent in Brüssel.
1892	stirbt Antonio Maria Pucci.
1895	wird das Internationale Kolleg S. Alessio in Rom gegründet.
1896	kehren die Serviten nach Venedig zurück und übernehmen die Herz-Jesu-Kirche.
1900	ist der Versuch einer Wiedergründung in Spanien erfolglos.
1901	beschließt das Generalkapitel, so bald als möglich Missionen bei den Nichtglaubenden zu übernehmen.
1905	revidiert ein außerordentliches Generalkapitel in Rom die Konstitutionen.
1907	werden die erneuerten Konstitutionen promulgiert.
1909	nimmt auch die Deutsche Observanz die Konstitutionen an und ist damit in ganzer Einheit mit dem Orden. Die Konvente in den USA werden eine eigene Provinz. In diesem Jahr stirbt auch Fr. Austin M. Morini.
1912	erfolgt die erste Gründung des Ordens in Kanada.

9. Kapitel

DAS 20. JAHRHUNDERT

Von den ersten Missionen (1913) bis heute

Die Diener Mariens heute

Für die heutige Situation des Ordens bietet sich der Vergleich mit der Situation vor 200 Jahren an. Während das 18. Jahrhundert die größte Mitgliederzahl hatte, erleben wir gegenwärtig die größte geografische Verbreitung des Ordens. Der Orden wirkt derzeit auf allen fünf Kontinenten und in fast 40 Ländern. Es ist eine richtige Internationalisierung eingetreten.

Von 1233 bis 1913 hatte der Orden nur einen nicht italienischen General, Fr. Albuin Patscheider. Von 1913 bis zur Gegenwart sind sechs der zehn Generäle Nichtitaliener: Fr. Alexis M. Lepicier (1913–1920/Frankreich), Austin M. Moore (1926–1932/England), Fr. Joseph M. Loftus (1965–1971/USA), Fr. Peregrine M. Graffius (1971–1977/USA), Fr. Michel M. Sincerny (1977–1989/Kanada) und Fr. Hubert M. Moons (1989–/Belgien-Kanada).

Vergleicht man die heutige Situation mit dem vorigen Jahrhundert, zeigt sich die ernste Krise, die durch die Aufhebungen Napoleons und der Regierung des vereinigten Italien heraufbeschworen wurde. Im 20. Jahrhundert gab es in der westlichen Welt einen massiven Einbruch bei den Berufungen. Wenn die letzten Jahre vor 1900 Anzeichen einer Erneuerung in sich trugen, so gibt es diese heute vor allem in der südlichen Hemisphäre.

Cecilia Eusepi,
Tertiarin der Diener Mariens

In diesem Jahrhundert gab es auch eine wiederholte Revision der Konstitutionen, die in der Zeit davor ohne Beispiel ist.

Die Entwicklung des Ordens ab 1850 wurde wesentlich geprägt durch die Zahl und das Wachstum der Schwesternkongregationen und ihren Anschluss an den Orden wie auch durch die beiden Säkularinstitute.

Gleichzeitig gab es einen Rückgang des 3. Ordens, jetzt servitanische Laiengemeinschaft, doch die neue Regel und die Statuten von 1982 bewirkten wieder einen Aufwärtstrend dieses wichtigen Zweiges der servitanischen Familie.

Ein anderer wichtiger Schritt der jüngsten Entwicklung ist das im Orden errichtete Kommunikationsnetz. Unter anderen Informationsorganen will die zweimonatliche Zeitung COSMO (Italienisch, Französisch, Englisch, Spanisch, Portugiesisch und Deutsch) die weltweite servitanische Familie vor Isolation bewahren. Die meisten Provinzen und Vikariate haben eigene Zeitungen. Diese sind auch Zeichen der Dezentralisierung und lokalen Autonomie, ein Charakteristikum unserer Gegenwart.

Das Generalat von Fr. Alexis M. Lepicier
Sein Generalat kann als markanter Einstieg in dieses Jahrhundert gesehen werden. Er prägte wesentlich die letzten Jahre vor 1900 und in apostolischen Funktionen die Zeit fast bis zur Hälfte des

20. Jahrhunderts. Dabei präsentierte und beeinflusste er die Ordensgeschichte durchaus typisch.

Er wurde 1863 in Vaucouleurs in Lorraine geboren und trat 1878 in den Orden ein. Sein Noviziat machte er in London, wo er den Namen Alexis erhielt. 1885 wurde er zum Priester geweiht und promovierte dann in Rom an der Propaganda Fide in Theologie und Philosophie. Es ist interessant, dass er 1887 an jener Audienz teilnahm, als die spätere heilige Theresia von Lisieux Leo XIII. bat, in den Karmel aufgenommen zu werden. Seine Korrespondenz mit der heiligen Agnes von Jesus zwischen 1918 und 1935 wurde vor kurzem veröffentlicht.

1890 kehrte er von Rom nach England zurück, nach zwei Jahren wieder nach Rom, wo ihn Leo XIII. auf den Dogmatik-Lehrstuhl des zukünftigen Kardinals Satolli berief. Hier lehrte er 21 Jahre. Überdies arbeitete er in verschiedenen Kongregationen des Heiligen Stuhls. Wie eine Anzahl von persönlichen Briefen zeigen, hatte Pius X. eine hohe Wertschätzung für Fr. Lepicier, als dieser Rektor des Kollegs S. Alessio war. Diese Briefe befinden sich im Generalarchiv des Ordens.

Während dieser Zeit bekleidete Fr. Lepicier einige verantwortliche Positionen im Orden: er war Gründer und 1. Rektor des

Fr. Alexis M. Lepicier

Internationalen Kollegs S. Alessio in Rom, Generalkonsultor (1895), 1901 Generalprokurator und 1913 wurde er als Nachfolger von Fr. Giuseppe Lucchesi zum General gewählt. Trotz seines Generalates und einiger Aufgaben beim Heiligen Stuhl veröffentlichte er zahlreiche theologische Werke. Herausragend war sein Tractatus „De beatissima Virgine Maria Matre Dei", 1901, welcher in 25 Jahren fünf Auflagen erlebte. In der Lehre strikter Thomist, war er ein Mann vielfältiger kultureller Interessen. Seine intensive Korrespondenz mit Jacques Maritain führte zur Freundschaft dieser beiden großen Gestalten.

Zum General gewählt, forcierte er die Mission im Swasiland in Südafrika. Gegen Ende seines Generalates übernahm er die brasilianische Mission Accre-Purus. 1915 gründete er das venetianische Rektorat, das 1922 volle Provinz wurde. 1916 gründete er die „Acta Ordinis Servorum Beatae Mariae Virginis", welche die Ereignisse des Ordens laufend dokumentiert. Diese Dokumentation aller wesentlichen Akten wird jährlich vom Generalsekretariat herausgegeben.

Der I. Weltkrieg verpflichtete viele Mitbrüder zum Militär. Fr. Lepicier schenkte jedem seine besondere Aufmerksamkeit während des Krieges und dass jeder wieder danach in den Orden zurückfand. Sein besonderes Augenmerk galt auch den Studien, über die er einige bedeutende Briefe veröffentlichte.

Das Generalkapitel 1920 wurde in Monte Berico gefeiert, als Luigi M. Tabanelli als Nachfolger von Lepicier zum General gewählt wurde. Wegen des Weltkrieges wurde das Kapitel erst zwei Jahre nach Kriegsende gehalten. Es war ein schweres und sorgenerregendes Kapitel. Alexis Lepicier stellte mit Verbitterung fest, dass dieses Kapitel eines der dunkelsten in der Ordensgeschichte gewesen sei. Seine persönlichen Aufzeichnungen begründen das Urteil genau.

1924 wurde Fr. Lepicier zum Titular-Erzbischof von Tarsus und zum Apostolischen Visitator von Indien ernannt, das er 18 Monate bereiste. 1927 in derselben Funktion weilte er in Eritrea und Äthiopien. Im Konsistorium vom 19. Dezember 1927 wurde er zum Kardinal ernannt. In vielen Anlässen war er päpstlicher Legat. Kardinal Lepicier starb am 20. Mai 1936 in Rom. Als Pius XI. dem Orden 1933 zum 700- Jahr-Jubiläum schrieb, bezeichnete er Lepicier als „Glorie des Ordens, des Kardinalkollegiums und der Kirche".

Die Übernahme von Missionen durch den Orden

Heute hat der Orden die offizielle Verantwortung für folgende Missionsgebiete: Swasiland seit 1913, Accre-Purus seit 1919, Aysen in Chile seit 1937, Zululand, seit 1938 unter Swasiland, ab 1948 unter der Jurisdiktion der USA. 1974 Indien, 1985 Philippinen und Mosambik.

Zur obigen Liste gibt es folgende Gründungen: Argentinien 1914, Transvaal 1935, Uruguay 1939, Bolivien 1946, Mexiko 1948, Australien 1951, Venezuela 1952, Kolumbien 1953, Gabun 1987, Zaire 1987, Uganda 1988. Dazu kommt die Seelsorge des Ordens an ethnischen Minderheiten besonders in den USA und Kanada.

Die Vikariate von Swasiland und Zululand koexistieren eng mit den kirchlichen Strukturen der Diözese Manzini und der Apostolischen Präfektur Ingwavuma. Diese enge Parallele gibt es nicht in Chile, wo die Konvente zum größeren Vikariat Chile-Bolivien gehören. In Brasilien sind die Konvente in der Diözese Rio Branco Teil der brasilianischen Provinz.

Die Missionskirche in Hlabisa, Zululand, Südafrika

Die Missionskirche von Manzini/Swasiland

Das Generalsekretariat für die Missionen koordiniert alle Missionsaktivitäten des Ordens. Diesem gehören auch Missionare vor Ort an. Auch in allen Provinzen und Vikariaten gibt es Missionssekretariate. Die letzten Generalkapitel haben jeweils bedeutende Missionsdekrete erlassen. Die Missionen brachten auch große Persönlichkeiten im 20. Jahrhundert hervor.

Ein wichtiges Element ist die Präsenz unserer Schwesternkongregationen an der Seite der Missionare oder auch selbständig. So arbeiten die Mantellatinnen von Pistoia im Swasiland, wo es auch eine einheimische Kongregation gibt. Die Riparatrici, die Galeazza, die Servitinnen von Brasilien, die von Ravenna arbeiten in Accre/Brasilien und unter den Straßenkindern in Sao Paolo.

Die Servitinnen der Schmerzensmutter von Florenz wirken in Aysen/Chile und Kolumbien. Die Servitinnen von Neapel gingen 1983 nach Mexiko und wie die Riparatrici wirken auch die Kompassionistinnen in Chile und Argentinien.

Die Gemeinschaft der Brüder in Mosambik (1985) wurde von den Klausurschwestern von Nampula angeregt, die 1973 gegründet wurde.

Um das Bild zu vervollständigen: seit 1974 wirken die Minime dell Adolorata in Tanzania und die Servitinnen von London seit 1952 in Jamaika. Die Servitinnen der Schmerzensmutter von Pisa und die Kompassionistinnen haben Gründungen in Indien. Die Galeazza-Schwestern gingen 1984 von Deutschland aus nach Südkorea und die Riparatrici 1983 nach Elfenbeinküste. Die Servitinnen von Indien arbeiten nun auch in Myanmar (Burma) und Australien und das servitanische Säkularinstitut wirkt im Zululand.

Die Ausbreitung des Ordens in den USA

Die amerikanischen Konvente wurden 1909 Provinz. Der Catalogus 1970 beschreibt die weitere Entwicklung: 1927 suchte eine Gruppe italienischer Serviten, die in Chicago und Denver wirkten, Anschluss an die römische Provinz, um ihr Apostolat unter den italienischen Minderheiten effizienter ausüben zu können. 1952 wurde diese Gruppe aber eine eigene Provinz St. Joseph. So

*Die Kirche
„Immaculate Conseption"
in La Paz, Bolivien*

existierten ab 1952 zwei Provinzen in den USA, die der Schmerzensmutter und die St. Josephs, wobei beide ihren Provinzsitz in
Chicago hatten. Die Provinz der Schmerzensmutter gründete das
irische Vikariat und übernahm das von Zululand. Die Provinz des
heiligen Josef nahm sich der Gründung in Australien an, die aber
1955 der Provinz der Schmerzensmutter übergeben wurde.

Aufgrund der veränderten Zeit und des Apostolates wurde
angeregt, die Konvente geografisch Provinzen zuzuordnen, um
Energie und Ressourcen zu sparen. So regte General Alfonso M.
Monta mit einem Brief vom 8. Mai 1964 die beiden Provinzen an,
sich neu zu organisieren und beide Konsilien sollten dies durchführen. Die beiden Konsilien stimmten zu und entschieden, dass
die neue Aufteilung nach den Provinzkapiteln 1967 in Kraft
treten soll. In zehn gemeinsamen Sitzungen wurden alle Details
ausgearbeitet und das Generalkonsilium gab seine Zustimmung

am 14. Juli 1966. Die Kongregation für die Ordensleute stimmte am 4. August 1966 zu und endgültig wurde die Teilung am 6. Februar 1967 vollzogen, in dem Jahr, in dem auch die ersten Kapitel der neuen Ost- und Westprovinz tagten.

Die Servitinnen von London gründeten in den USA neue Kongregationen. Bereits 1912 übernahm eine Gruppe junger Tertiarinnen die Pfarrschule in Ladysmith, Wisconsin. 1913 kamen zwei Schwestern aus Pistoia, um bei der Ausbildung der amerikanischen Schwestern behilflich zu sein. Diese blieben bis 1919 und 1921 wurden die Ladysmith-Schwestern an den Orden angeschlossen. Inzwischen waren andere Schwestern aus Pistoia in die USA gekommen, die unter den italienischen Einwanderern in Chicago arbeiteten. Später erfolgte eine Gründung in Blue Island, Illinois, nahe Chicago, wo bis jetzt auch das Mutterhaus ist.

Die ersten zwei Generäle aus den USA waren Joseph M. Loftus (1965–1971) aus der Ost- und Peregrine M. Graffius (1971–1977) aus der Westprovinz. Beide waren involviert in die

Die Prioratskapelle S. Maria in Xochimilco, Mexico

Erneuerung der Konstitutionen. Der Text wurde beim außerordentlichen Generalkapitel in Madrid 1968 approbiert, die definitive Approbation erfolgte beim ordentlichen Wahlkapitel in Barcelona 1977.

Die Generalate von Fr. Alfonso M. Benetti und Fr. Alfonso M. Monta

Diese beiden Generalate dauerten fast 30 Jahre: Fr. Benetti (1938–1953) und Fr. Monta (1953–1965). Von 1932–1938 wurde der Orden von Fr. Raffaele M. Baldini geleitet. Fr. Benetti war von der venetianischen, Fr. Monta, der 1982 starb, von der piemontesischen Provinz. Beide waren sehr eifrig in der Novizenpastoral. So erreichte der Orden Mitte der 60er Jahre den höchsten Mitgliederstand in diesem Jahrhundert.

Während des Generalates von Benetti wurde der Orden 1939 in Uruguay, 1946 in Bolivien, 1947 in Irland, 1948 in Mexiko, 1951 in Australien und 1952 in Venezuela gegründet. Überdies kehrte er 1943 nach Spanien zurück.

Während des Generalates von Monta wurde der Orden 1954 in Deutschland und 1963 in Kolumbien gegründet. Gemeinschaften wurden 1958 in Genua und 1964 in Paris errichtet.

In dieser Zeit wurde auch 1950 die Theologische Fakultät Marianum errichtet und 1955 vom Heiligen Stuhl approbiert. 1971 wurde sie Päpstliche Fakultät.

Die Seligsprechung 1952 und die Heiligsprechung von Antonio M. Pucci 1962 erfolgten ebenfalls in dieser Zeit. Benetti und Monta forcierten die mariologischen Studien im Orden. So wurde 1939 die Fachzeitschrift „Marianum" gegründet. Fr. Monta setzte einige richtungsweisende Akzente, die erst nach dem Vaticanum II verwirklicht wurden: die Verlängerung der zeitlichen Gelübde, die Errichtung eines spirituellen Zentrums für die periodische Erneuerung der Brüder, die Verstärkung des Gemeinschaftslebens, indem man solche Formen des Apostolates aufgab, die die Brüder vereinzeln. Auch gründete das Generalkapitel 1959 das Historische Institut des Ordens.

Für das Generalkapitel 1965 schlug Monta mit seinem Generalkonsilium einige Revisionen der Konstitutionen vor: eine adäquate Rolle der Brüder, die nicht Priester sind, die Revision der liturgischen Texte des Ordens, die Neustrukturierung der italienischen Provinzen, die Integration der Kongregationen und die Wiederbelebung des 3. Ordens.

Gründung des Säkularinstitutes und des „Regnum Mariae"

Unter diesen Generälen begann auch das servitanische Säkularinstitut. Die Anfänge waren komplex. 1943 begründete Miss Joan Bartlett mit der Hilfe von Fr. Gerard M. Corr das „Servite House" für obdachlose ältere Menschen nach der Bombardierung Londons. Es war ein Engagement von Laien mit einigen servitanischen Aspekten, aber doch wieder mehr als ein 3. Orden.

Die erste Idee, ein Säkularinstitut zu errichten, kam 1954 von Fr. Tarcisio M. Bozzo (†1960) von der piemontesischen Provinz. Über den 3. Orden nahm das Säkularinstitut 1955 konkretere Gestalt an, der Name war „Servitanische Laiengemeinschaft". Die Gruppe verband sich mit dem Servite House in London, das sich bereits enthusiastisch als servitanisches Säkularinstitut bezeichnete. Der frühe Tod von Fr. Bozzo hinterließ die italienische Gruppe in Schwierigkeiten, während sich die Gruppe in England unter Joan Bartlett und Fr. Corr schnell entwickelte. So ging die Leitung des Säkularinstitutes nach England über und es wurde vom Erzbischof von Westminster, London, 1964 kanonisch approbiert.

Am 25. März 1979 approbierte Johannes Paul II. das Säkularinstitut als Institut päpstlichen Rechtes.

Inzwischen formte eine Gruppe junger Leute in Ancona 1959 das „Regnum Mariae". Fr. Luigi M. Poli und eine Gruppe junger Frauen waren für den Beginn verantwortlich. 1976 dem Orden angeschlossen, erhielt es 1983 offizielle Anerkennung. Die Lebensregel des Institutes sagt: „Das Regnum Mariae besteht aus Menschen, die ihr gottgeweihtes Leben mitten in der Welt leben im Geist des Dienens. Es entstand im Servitenorden und möchte mit diesem eine Einheit bilden. Wie die Diener Mariens war auch Regnum Mariae von allem Anfang an der Gottesmutter geweiht, um Gott und dem Nächsten vollkommener dienen zu können. So schauen wir auf Maria, das vollkommene Vorbild des evangeliumgemäßen und apostolischen Lebens." Zusammen zählen das Säkularinstitut und Regnum Mariae 200 Mitglieder.

Das Internationale Kolleg des St. Alexius Falconieri in Rom, Sitz der
päpstlichen theologischen Fakultät Marianum

Die Neuausgabe der Konstitutionen
nach dem Vaticanum II

Das Konzil regte alle Orden, auch die Diener Mariens an, ihre
Konstitutionen zu erneuern. Die servitanische Gesetzgebung zu
dieser Zeit stammte aus dem Jahr 1940 und basierte auf den
Konstitutionen von 1907.

Die vom Konzil angeregte Änderung ist die tiefgreifendste im
Orden seit 1580, der nachtridentinischen Reform.

Das Generalkapitel 1965 setzte den Prozess in Gang, der auf
dem außerordentlichen Generalkapitel 1968 in Madrid fortgesetzt wurde. Der provisorische Text trat am 6. April 1969 ad
experimentum in Kraft. Eine Reihe von Modifikationen machte
das Generalkapitel von Opatija, Ex-Jugoslawien, 1971, Rom
1974, Barcelona 1977 und Rom 1983. Die neuen Konstitutionen
wurden 1987 vom Heiligen Stuhl endgültig approbiert.

Die Generäle, die den Orden während dieser „kurialen Phase"
leiteten, waren: Fr. Joseph M. Loftus (1965–1971), Fr. Peregrine
M. Graffius (1971–1977) und Fr. Michel M. Sincerny (1977–
1989).

Die Inkarnation der Konstitutionen war im Orden nicht immer
leicht, besonders wegen der weniger werdenden Novizen, der

neuen Strukturen und einer Krisenzeit nach dem Konzil. Dies galt besonders für die Jahre 1968–1977. Aber der Bericht von Graffius beim Kapitel 1974 in Rom sieht auch viel Licht in dieser Periode. Im Kapitel 2 von „Perfectae Caritatis" verlangt das Konzil, dass die erneuerten Konstitutionen einerseits dem Urcharisma besser gerecht werden, andererseits den Zeichen der Zeit entsprechen sollen.

In den erneuerten Konstitutionen wird dem ersten entsprochen, indem die geistlichen Werte wieder als mehr als eine Sammlung von Normen angesehen werden, dem zweiten wird entsprochen, indem die Brüderlichkeit wieder deutlicher als Kollegialität und Subsidiarität gesehen wird.

Weiters erneuerte die Internationale Liturgiekommission (CLIOS) die Reform der liturgischen Texte in Missale und Proprium. Das Historische Institut des Ordens trieb die Geschichtsforschungen voran.

Einige herausragende Ereignisse und Personen dieses Jahrhunderts

Hier ist das Problem, dass immer eine bestimmte Zeit verstreichen muss, bis eine objektive historische Bewertung möglich scheint.

Zu erwähnen wären die zahlreichen neuen Formen des Apostolates wie Zeno Saltinis „Nomadelfia", die Seelsorge an sprachlichen Minderheiten in den USA oder die Befreiungspastoral in Brasilien.

Anfang dieses Jahrhunderts wurde der Orden weltkirchlich, verbreitete sich über die ganze Welt und wuchs bis 1960 auch in der Mitgliederzahl. So sind die herausragenden Persönlichkeiten verbunden mit den Neugründungen in der südlichen Hemisphäre, mit der Konsolidierung des Ordens in Europa und den USA, der Übernahme von Missionen oder der Novizenpastoral.

Aus vielen Motiven muss hier auf Fr. Gabriele M. Roschini hingewiesen werden: Gründer des Marianum und erster Präsident der Päpstlichen Fakultät Marianum, ein Meister seines Faches. In Castel Sant'Elia 1900 geboren, starb er in Rom 1977. Er diente in vielen verantwortungsvollen Positionen des Ordens und in mehreren Kongregationen des Heiligen Stuhls. Herausragend sind seine marianischen Studien, wie Giuseppe M. Besutti († 1994) feststellt: „Auf dem Gebiet der Mariologie besaß er einen Weltruf. Hier hatte er einen großen, dauerhaften und bleibenden Einfluss. Bereits 1933 schrieb er eine mariologische Summa, die fünf Ausgaben erlebte. 1941–1943 folgte die Mariologie in drei Bänden. Diese wurde 1947–1948 überarbeitet, in vier Bänden herausgegeben und war weit über das Konzil hinaus bestimmend.

Dabei war Fr. Roschini nicht der erste, der eine systematische Studie über das Leben, die Sendung, die Privilegien und die Verehrung Marias verfaßte. Er war aber der erste, der all diese Aspekte systematisierte. Theoretische und doktrinale werden mit historischen Einsichten verbunden. All seine Werke sind ein unausschöpfbarer Schatz für Studenten mit einer weiten Bibliografie zum Weiterstudium. Die Zukunft wird seine Größe auf dem Gebiet der Mariologie würdigen, wobei er folgende Themen wiederholt behandelt hat: die Grundprinzipien der Mariologie, die Auslegung des Proto-Evangeliums, die Sendung Christi und seiner Mutter, die Geschichte des Immaculata-Dogmas, Maria als Mittlerin der Gnaden, Maria als Mit-Erlöserin, die leibliche Aufnahme in den Himmel und die Frage, ob Maria gestorben oder nicht gestorben ist, die Lehre der Marienverehrung und des Kultes wie die Geschichte und einzelne Aspekte der Marienverehrung." Überdies sammelte er über Jahre Biografien von verschiedenen Serviten. Eine Galerie, wie er es selber nannte, mit über tausend Dienern Mariens, die heiligmäßig waren. Die Krankheit der letzten Jahre hinderte ihn, seine Schriften noch einmal zu überarbeiten. Trotzdem ist sein Werk unüberboten.

Die Übernahme von Missionen geht mit Pionieren einher, die unser Charisma unverwechselbar in die Welt trugen. Solche waren Alessio M. Rattalino, Pellegrino M. Bellezze, Prospero M. Bernardi, Romualdo M. Migliorini, Constantino M. Barneschi, Arimath M. Gratl, Gioacchino M. Rossetto und James M. Keane.

Fr. Alessio M. Rattalino wurde in Bra, Norditalien, geboren. Als Weltpriester trat er mit 33 Jahren 1898 in den Orden ein. Nach seinem Wirken in einer Reihe von Konventen der piemontesischen und römischen Provinz wurde er vor dem I. Weltkrieg nach Argentinien gesandt, um dort eine Gemeinschaft aufzubauen. Er

Fr. Pellegrino M. Bellezze

wirkte in einigen priesterlosen Gemeinden, um sich dann in der Pfarre S. Antonio de Obligado in Santa Fe niederzulassen. 1924 kam er nach Accre in Brasilien, wo er 1940 an Malaria starb.

Rattalino war ein rastloser Missionar, immer auf dem Weg, der den Geist des Ordens mit Kraft vertrat, gerade als Einzelner für viele Jahre. In Accre ist er wegen seines großen Glaubens und seiner Liebe zu Maria bis heute unvergessen.

Die Anfänge im Swasiland waren geprägt von großen Problemen und Schwierigkeiten. Diese Geschichte ist verbunden mit den Namen von Arimath M. Gratl und Fr. Pellegrino M. Bellezze.

Fr. Pellegrino M. wurde in Montefiore in Recanati, Macerata, in Italien 1884 geboren. Er folgte seinem Bruder Agostino in den Orden. 1907 zum Priester geweiht, ging er sieben Jahre später nach Swasiland, wo der Orden kurz zuvor eine Mission übernommen hatte. Als die Mission 1923 Apostolische Präfektur wurde, wurde er der erste Apostolische Präfekt, der er zehn Jahre blieb. Dann ging er nach Brasilien, wo er die nächsten 28 Jahre bis zu seinem Tod 1961 in Sao Jose dos Campos wirkte.

Mit seinem lebendigen Charakter war er ein Vorreiter der Inkulturation, der Afrikanisierung des Evangeliums im Swasiland. Trotz Widerstandes beschritt er unbeirrbar diesen Weg, so überzeugend, dass er König Sobhuza II. zum Freund und Vertrauten gewann. Fr. Bellezze hatte im Swasiland 62 Schulen gegründet. Seine Berichte nach Rom sind noch heute wegen des Missionsgeistes und der Marianität lesenswert.

Fr. Prospero M. Gustavo Bernardi war der erste Prälat und Bischof von Accre im Nordosten Brasiliens, welches 1919 dem Orden anvertraut worden war. Er war bereits über 50, als er den Atlantik nach Accre überquerte. 1870 in Bologna geboren, war er bereits Generalkonsultor und Ordenssekretär, ehe er sich für den Missionseinsatz entschied. Auch war er zuvor von 1914–1917 Provinzvikar in Kanada. Bischof Bernardi wirkte bis 1939 in Accre, eher er, unheilbar krank, in seinen letzten Lebensjahren nach Italien zurückkehrte. 1944 starb er in Monte Berico.

Bernardi war eine unkomplizierte, demütige, hart arbeitende Persönlichkeit. Oft erzählte er, dass er seine Profess in die Hände des heiligen Antonio M. Pucci abgelegt habe. Die Konsolidierung der Gründung von Accre ist wesentlich sein Verdienst. Selbst als Bischof arbeitete er unermüdlich wie ein demütiger Missionar, und es ist bezeichnend, dass gerade die Laienbrüder die herzlichsten Erinnerungen an den Bischof Bernardi hatten.

Der Nachfolger von Fr. Pellegrino M. Bellezze als Apostolischer Präfekt war Fr. Romualdo M. Migliorini. Nach zwei Jahren in Afrika übernahm er 1933 dieses Amt, insistierte aber darauf, die Ernennung zum Bischof nicht anzunehmen. Geboren 1884 in Volegno, Lucca, verbrachte er nach der Priesterweihe einige Jahre in Kanada. Sein Aufenthalt in Swasiland war eher kurz, 1939 zwangen ihn Gesundheitsgründe zur Rückkehr. Seine letzten Lebensjahre verbrachte er als Spiritual am Internationalen Kolleg S. Alessio in Rom. In dieser Zeit beschäftigte er sich intensiv mit den Visionen von Maria Valtorta († 1961). Seine Kommentare dazu wurden später von Corrado M. Berti († 1980) veröffentlicht, der auch Valtortas Visionen unter dem Titel „Das Gedicht des Gottmenschen" herausgab.

Fr. Migliorini starb am 10. Juli 1953 in Carsoli in den Abruzzen, wo er die Jungprofessen während ihrer Ferien begleitete. Besonders erwähnenswert ist seine Gründung der Servitinnen vom Swasiland. Er war ein sehr spiritueller Mensch. Seine harte apostolische Arbeit war immer fundiert in Gebet und Kontemplation.

Bischof Constantino M. Barneschi kam in die Mission aufgrund eines Versprechens, das er als Kleriker während des I. Weltkrieges gemacht hatte. Er wurde schwer verwundet und seinem rechten Arm drohte die Amputation. Er versprach, Missionar zu werden, wenn sein Arm gerettet werden könne. Geboren in Foiano della Chiana bei Arezzo 1892, ging er 1923 mit 31 Jahren in die Mission. 17 Jahre wirkte er in der St.-Josefs-Mission. Als die Präfektur 1939 ein Apostolisches Vikariat wurde, wurde er der erste Bischof als Titularbischof von Tagaste. 20 Jahre später wurde das Vikariat Diözese und Barneschi erster Bischof von Manzini. Er starb am 21. Mai 1965 und wurde in der Kathedrale der Schmerzensmutter, die er gebaut hatte, beigesetzt. Er war ein Mann großer und genialer Energie. Er legte das Fundament der jetzt blühenden Diözese Swasiland. Er gründete das Seminar, entwickelte ein Promotions- und Ausbildungskonzept für Katechisten und organisierte die Missionsschulen. Sein Volk liebte ihn und beim König genoß er große Wertschätzung. So erlaubte dieser die Taufe der Königin-Mutter und der Bischof bestattete sie auch in der Kathedreale. Wer die Swasi kennt, weiß, was dies an Wertschätzung für seine religiösen und menschlichen Qualitäten bedeutet.

Neben diesen Missionaren gab es in diesem Jahrhundert noch einige andere herausragende Serviten. Fr. Gioacchino M. Rossetto kann als Missionar seines Geburtslandes bezeichnet werden. In Schio bei Vicenza 1880 geboren, starb er 1935 in Tirano. Er gehörte zur ersten Gruppe im Swasiland, musste aber nach Italien zurückkehren. Dies traf ihn schwer und er arbeitete ein Leben lang in Italien für die Missionen und Missionare. Als die Konvente der venetianischen Region 1922 wieder eine eigene Provinz wurden, wurde er Prior von Monte Berico. In unmittelbarer Nähe baute er 1926 das Missionsinstitut Unserer Lieben Frau, um junge Missionare auszubilden. Er gründete die Missionszeitschrift „Le Missioni della Madonna" und das Periodicum „Pater". Er gründete auch das Instituto San Raffaele als Pilger- und Gästehaus für das Heiligtum Monte Berico. In seinen Projekten traf er auf viele Schwierigkeiten und Mißverständnisse, er aber

Die Prioratskapelle in Trichy, Indien

trug sie mit Gefasstheit. Einige bezeichnen ihn als den „Vater" der venetianischen Provinz, der derzeit größten im Orden. Fr. James M. Keane wird in die Ordensgeschichte als Servit mit großem marianischen Engagement eingehen. 1901 in Chicago geboren, starb er 1975 in Ladysmith. 1937 stiftete er die immerwährende Novene zu Ehren der Schmerzensmutter und seine marianische Wochenzeitung erlebte eine Auflage von einer Million. Die Novene bestand in der Via Matris jeden Freitag als einer immerwährenden Novene. 1947 war sie bereits in über 1800 Kirchen beheimatet, in 45 Bundesstaaten und 24 anderen Ländern. Fr. Keane machte auch zahlreiche Radio- und Fernsehsendungen, um die Kenntnis und Verehrung der Gottesmutter zu verbreiten. 1947 wurde er Generalkonsultor und gründete die erste irische Gemeinschaft in Benburb. Wenige Jahre später begann der Orden in Australien.

Sein Gebetbuch zu Ehren der Schmerzensmutter erreichte eine Auflage von fast sechs Millionen in 18 Ausgaben und 22 Sprachen. Er besuchte auch Fatima in der Hoffnung, dort einen Konvent zu errichten. Bei einem schweren Autounfall wurde er dort 1961 schwer verletzt und in seinen Aktivitäten eingeschränkt.

Es gäbe noch viele, die zu erwähnen wären. An zwei Mitbrüder der toskanischen Provinz sei als bedeutende Ordenshistoriker noch erinnert: Fr. Alessio M. Rossi (1888–1968) und Fr. Raffaello M. Taucci (1882–1971).

Fr. Rossi gab unter vielen anderen Werken ein „Manuale di Storia dell'Ordine", veröffentlicht von der Generalkurie 1956, heraus. Er war auch für den Start der „Studi Storici dell'Ordine dei Servi di Maria", eines jährlichen Journals, verantwortlich, Erstausgabe 1933.

Die menschliche, religiöse und kulturelle Ausbildung der jungen Studenten war nach dem Krieg eng verbunden mit den Namen Fr. Vincenzo M. Buffon (†1975), Fr. Corrado M. Berti (†1980) und Giovanni M. Vannucci (†1984).

Endlich soll noch an zwei heiligmäßige Mitbrüder in diesem Jahrhundert erinnert werden. Beide starben sehr jung: Kleriker Venanzio M. Quadri und der Laienbruder Gioacchino M. Stevan. Für beide ist der Seligsprechungsprozess bereits eröffnet.

Fr. Venanzio M. Quadri wurde 1916 in Vado di Monzuno, nahe Bologna geboren und starb am 2. November 1937 in Rom. Er ist in der Servitenkirche in Bologna beigesetzt. Seine Heiligmäßigkeit bestand darin, alltägliche Dinge außerordentlich zu erfüllen. Seine Kommilitonen stellten übereinstimmend fest, dass seine Verantwortung für seine Berufung außerordentlich war. Einzigartig vollkommen erfüllte er die täglichen Verpflichtungen des Ordenslebens. Ganz war er für die anderen verfügbar. Seine Marianität war solide und tief, sein Tod erbauend.

Für seine Jugendlichkeit war auch Fr. Gioacchino M. Stevan von außerordentlicher Tiefe und Reife. In Nove/Vicenza 1921 geboren, starb er am 28. April 1949 in Vicenza. Seine Reliquien werden im Kreuzgang von Monte Berico verehrt. Er war 26, als er als Laienbruder in den Orden eintrat. Bereits zwei Jahre später starb er an akuter Gehirnhautentzündung. Vor dem Ordenseintritt war er in der Katholischen Aktion sehr aktiv. Er war von tiefer Frömmigkeit und herzlichem Dienst. Sein „Spirituelles Journal" zeigt eine tiefe Spiritualität.

Diese beiden stehen für viele junge Serviten, die, jung vollendet, sich total für ihre Berufung eingesetzt haben. Auch diese gehören zu den „Zeichen der Zeit" des Ordens in diesem Jahrhundert.

Übersicht über das Geschick der Konvente der Tiroler Servitenprovinz während des Nationalsozialismus und des Kommunismus

Die historische Situation

1933 wird Adolf Hitler durch einen Wahlsieg mit relativer Mehrheit Reichskanzler in Deutschland.
13. 3. 1938: Einmarsch Adolf Hitlers in Österreich und Anschluss Österreichs an das Deutsche Reich. Die Österreicher nehmen ihren Führer begeistert auf (Heldenplatz).
1. 4. 1938: Die Österreicher stimmen mit 99,73 % für den Anschluss an das Deutsche Reich.
Der Vorsitzende der Österreichischen Bischofskonferenz, Theodor Kardinal Innitzer, empfiehlt mit einem Hirtenbrief den Anschluss und zeichnet mit „Heil Hitler". Der junge Tiroler Bischof Dr. Paulus Rusch leistet als erster und einziger Widerstand, vergebens.
Obwohl die Nationalsozialisten das unter Kanzler Dollfuß 1933 (Ständestaat) zwischen der Republik Österreich und dem Heiligen Stuhl geschlossene Konkordat ratifizieren, werden alle katholischen Schulen, Stifte und die meisten Klöster aufgehoben.

Die Auswirkungen auf den Servitenorden

Österreich

Die Servitenkonvente der Tiroler Provinz sind von der Konfiskation, wie folgt betroffen:
Innsbruck St. Josef, als erster Konvent aller Tiroler Orden am 10. 11. 1938 aufgehoben; Beschuldigung: ein illegales Waffenlager der Heimwehr im Untergrund zu beherbergen. Wahrer Grund: Die NS fürchteten die Serviten, da sie als Beichtväter einen grossen Einfluss auf die Menschen hatten.
Volders St. Karl, 1940 aufgehoben;
Maria Waldrast, am 8. 4. 1941 aufgehoben, Protestwallfahrt, an der auch der heutige Innsbrucker Altbischof Reinhold Stecher teilnahm, Festnahmen auch von Mitbrüdern (P. Ladislaus M. war Prior und Augenzeuge), auch der Theologiestudent Stecher verhaftet;

Rattenberg, 1941 erst aufgehoben, dann wird die Aufhebung aufgrund einer Intervention bei Gauleiter Hofer zurückgenommen;

Maria Luggau, nicht aufgehoben, weil Pfarre;

Kötschach, nicht aufgehoben, ebenfalls weil Pfarre;

Fronleiten, nicht aufgehoben, weil Pfarrverband;

Forchtenstein, nicht aufgehoben, Maria Loretto, nicht aufgehoben, weil Pfarren;

Gutenstein Mariahilfberg, nicht aufgehoben, weil Marktpfarre inkorporiert;

Wien/Maria Verkündigung, nicht aufgehoben, weil Pfarre;

Maria Langegg, Maria Jeutendorf, Schönbühel, nicht aufgehoben, weil Pfarren;

Gratzen, nicht aufgehoben, weil Pfarre. Ins Sudetenland marschierte Hitler im September 1939 ein. Gratzen wird erst nach der Machtergreifung der Kommunisten, 1948, konfisziert.

Mit wenigen Ausnahmen wurden die meisten Mitbrüder zur Wehrmacht, meist als Sanitäter eingezogen, acht kehrten aus dem II. Weltkrieg nicht mehr zurück. Die Mitbrüder aus den aufgehobenen Konventen wurden mit Gauverweis belegt, mussten innerhalb von 48 Stunden den Gau Tirol verlassen.

P. Ladislaus: Wir durften Hab und Gut in einem kleinen Koffer mitnehmen, auch das Allerheiligste, durften noch in der Kirche das Salve Regina singen und hatten dann sofort den Konvent und binnen zwei Tagen Tirol zu verlassen.

Allein im Jahr 1940 wechselte, durch Aufhebungen bedingt, das Noviziat mehrmals: von Maria Waldrast nach Volders, von Volders nach Gratzen. Ab 1941 war eine reguläre Ordensausbildung in der Tiroler Servitenprovinz weder erlaubt noch möglich.

Die Fratres der Provinz studierten in Udine, Venedig und Rom. Jene Mitbrüder, die in Tirol aus den aufgehobenen Klöstern mit Gauverweis belegt wurden, durften seelsorglich nicht im Gau arbeiten. Sie mussten Tirol verlassen und in einer anderen Diözese eine Pfarre übernehmen. Sie durften auch nicht in einen nicht aufgehobenen Konvent übersiedeln. Es gab keine Kapitel, keine Exerzitien oder Zusammenkünfte. Der Provinzial konnte seinen Dienst nur geheim und illegal ausüben. Im Untergrund hielt er mit den Mitbrüdern, so gut es ging, Kontakt.

Tschechien
Nove Hrady-Gratzen wurde unter den Nationalsozialisten aus obigen Gründen (Pfarrkloster) nicht aufgehoben. Man betreute auch die umliegenden Pfarreien der deutschsprechenden sudetendeutschen Bevölkerung. Der Konvent wurde erst konfisziert, als alle Sudetendeutschen aus Südböhmen vertrieben und die Region mit tschechischsprachiger Bevölkerung aus dem Landesinneren besiedelt worden war. 1948 wurden alle deutschsprachigen Mitbrüder aus Tschechien vertrieben und nur die tschechischsprachigen Mitbrüder durften im Land bleiben, jedoch keine Pastoral ausüben. Das Kloster wurde konfisziert und von den Behörden verschiedentlich öffentlich genutzt: Kaserne, Polizeischule, Kino.

1991, zwei Jahre nach der „sanften Revolution", entschied sich P. Bonfilius M. Wagner, gebürtiger Gratzener, wieder als Seelsorger in seine südböhmische Heimat zu gehen. 1992 wurde das völlig desolate Kloster dem Orden zurückgegeben und bis 1999 völlig saniert. Die Mitbrüder lebten in den ersten Jahren bescheiden als Gäste der „Englischen Fräulein" in Dobra Voda (Maria Brünndl).

Gegenwärtig versehen die Mitbrüder die Seelsorge in fünf Pfarren (Gratzen, Strobnitz, Maria Brünndl, Heilbrunn und Reichenau). Daneben gibt es ein Bildungs- und Begegnungshaus für die Diözese im Kloster. Nach fast 50 Jahren Kommunismus ist Südböhmen praktisch „Missionsgebiet".

Ungarn
Die Konvente von Ungarn waren mit der Provinz Austria-Hungarica 1927 der Tiroler Provinz eingegliedert worden, sie konnten über den Krieg fortbestehen. Der Einschnitt kam 1945, als die Kommunisten die Macht übernahmen. Da half es auch wenig, daß die Generalleitung des Ordens die Entscheidung traf, 1945 Ungarn als eigene Provinz zu errichten. Dies wurde 1950 durch den Staat verboten, ordensrechtlich bestand die Provinz immer weiter.

Bis auf wenige Orden (Jesuiten, Piaristen, Benediktiner), wo die kommunistischen Führer ihre Ausbildung erhalten hatten, wurden alle Ordensgemeinschaften verboten. Die Konvente übernahm der Staat und nutzte sie zu seinen Gunsten (z.B. Budapest: staatliche Postdirektion etc.).

Die Mitbrüder, die Priester waren, konnten unter restriktiven Bedingungen als Pfarrer einer Diözese weiterarbeiten, sie durften aber weder ein Gemeinschaftsleben führen noch Novizen aufnehmen. Auch dies endete mit der „sanften Revolution" 1989, 1991 wurde ein Konvent in Eger erst inoffiziell, dann 1994 definitiv an den Orden zurückgegeben.

Heutige Situation
Tirol hat durch das NS-Regime acht gefallene Mitbrüder verloren, aber keine immobile Substanz. Alle konfiszierten Konvente wurden nach 1945 zurückgegeben. Innsbruck war durch die Bombardierungen total zerstört.

Gratzen hat zwar das Haus und die Kirche zurückerhalten, indes nicht die Grund- und sonstigen Besitzungen. Ein Mitbruder aus der Vorregimezeit lebt noch.

Ungarn hat fast die gesamte Substanz verloren. Ein Mitbruder aus der Vorregimezeit lebt noch.

Die letzte selige Märtyrerin: Sr. M. Guadelupe Ricart Olmos
Es war ein freudiges Ereignis für unseren Orden und die gesamte servitanische Familie, als am 2. Fastensonntag, dem 11. März 2001, der Heilige Vater, Papst Johannes Paul II., Sr. Maria Guadelupe Ricart Olmos selig gesprochen hat. Sie lebte von 1881–1936 als Klausurschwester des Klausurklosters Valencia, wo sie bei der Christenverfolgung in Spanien am 2. Oktober 1936 ermordet wurde. Diese Tatsache hat eine besondere Bedeutung, da Sr. M. Guadelupe die erste Märtyrerin für den Glauben unter unseren Heiligen und Seligen ist.

40 Jahre hat sie als Klausurschwester gelebt. Sie hat eine wahre servitanische Spiritualität gelebt. Einsamkeit, Stillschweigen, aber auch Einsatz drücken ihre tiefe Liebe zum Herrn und der Schmerzensmutter aus. Täglich betrachtete sie den Kreuzweg und den Via Matris. Sr. Maria lebte ganz authentisch aus dem Geist der Ursprungsgeschichte des Ordens.

Ein anderer Wesenszug der Märtyrerin im Kloster war ihre freudige Teilnahme am Gemeinschaftsleben. Ihre Metanoia, ihre

Hingabe und ihre bedingungslose Disziplin hinderten sie nicht am herzlichen Lachen und heiteren Gemüt in der Gemeinschaft. Sie bekleidete die Ämter einer Priorin und Novizenmeisterin, in denen sie immer die schwesterliche Liebe lebte. Sie vertiefte ihre Beziehungen zu den Mitschwestern durch eine große Demut. So war sie sich nicht zu schade, um Vergebung zu bitten, wenn sie in Erfüllung ihrer Pflichten meinte, Grenzen überschritten zu haben.

Indirekt war sie der Hauptgrund, dass die Mitbrüder nach Spanien zurückkehrten. Wie eine Novizin erzählte, hätte Sr. Maria Guadelupe dem Herrn ihr Leben angeboten, damit die Brüder wieder nach Spanien zurückkehren. Und tatsächlich brachte der damalige Generalprior Alfonso M. Benetti am 11. 3. 1943, mitten in den Wirren des II. Weltkrieges, drei Mitbrüder nach Madrid. Die ersten nach Jahrhunderten.

Am 11. März durften wir auf das Bild der seligen Sr. M. Guadelupe Ricart Olmos auf der Fassade von St. Peter schauen. Sie steht, am Beginn des 3. Jahrtausends, als leuchtendes Beispiel für unser Ordensideal, das Ideal unserer ersten Väter, besonders ihre Kontemplation.

Die Ausbreitung des Ordens heute

Zur Zeit des Generalkapitels 1995 hat der Orden ca. 1.000 Mitglieder in 207 Konventen in 13 Provinzen und 11 Vikariaten. Es gibt 200 Klausurschwestern in 14 Konventen. In 22 Kongregationen gibt es 4.700 Schwestern. Insgesamt gibt es ca. 620 Konvente. Nach dem Zusammenbruch des Kommunismus haben auch die Kongregationen von Ungarn und Albanien wieder Zukunft. Es gibt 140 Mitglieder in den beiden Säkularinstituten des Ordens und über 10.000 Mitglieder der servitanischen Laiengemeinschaft in über 140 Gruppen.

Der Orden ist über alle Kontinente in fast 40 Ländern gegenwärtig. Italien hat in seinen drei Provinzen die größte Anzahl der Mitbrüder.

Noch ein Wort zu den jüngsten Neugründungen des Ordens: 1974 eröffnete die venetianische Provinz einen Konvent in Mamallapuram, Indien. Heute bilden die indischen Konvente eine Delegation. Die Anfänge waren in einem kleinen Dorf, arm, in der Bucht von Bengalen, 60 km südlich von Madras. 1984 machten die Brüder eine zweite Gründung in Trichy. Heute hat Indien eine verheißungsvolle Zahl von Novizen.

1973 starteten die Klausurschwestern einen Konvent in Mosambik, um den herum sich eine Gruppe junger Kandidatinnen formte. Die spanische Provinz übernahm diese Gründung 1985.

In Lesotho wurde vom Vikariat Swasiland das Ausbildungshaus Cedara für Studenten aus Swasiland, Zululand und Transvaal eröffnet. Die kanadische Provinz hat 1987 eine Gemeinschaft in Gabun mit guten Entwicklungschancen gegründet und 1988 eine weitere in Zaire. 1985 öffnete die bolognesische Provinz eine Gemeinschaft auf den Philippinen. Hier verheißen viele Novizen, für die inzwischen das Ausbildungshaus St. Peregrin gebaut wurde, eine hoffnungsvolle Zukunft.

Die letzte Gründung war 1989 in Uganda. Die Schwestern kamen von Swasiland.

Die Aufwärtsentwicklung des Ordens ging immer einher mit der Intensivierung seiner marianischen Charakteristik. Hier haben die Generalkapitel 1983 und 1995 Akzente mit eigenen Dokumenten gesetzt. Die beiden Dokumente richten sich über den Orden hinaus an die Gesamtkirche.

Die aktuelle Verteilung der Mitbrüder

Europa: Österreich, Belgien, Frankreich, Deutschland, Großbritannien, Ungarn, Tschechien, Irland, Italien, San Marino, Spanien.

Südamerika: Argentinien, Bolivien, Brasilien, Chile, Kolumbien, Mexiko, Uruguay, Venezuela.

Nordamerika: USA, Kanada.

Asien: Indien, Philippinen.

Ozeanien: Australien.

Afrika: Swasiland, Zululand, Transvaal, Uganda, Zaire, Gabun, Lesotho, Mosambik.

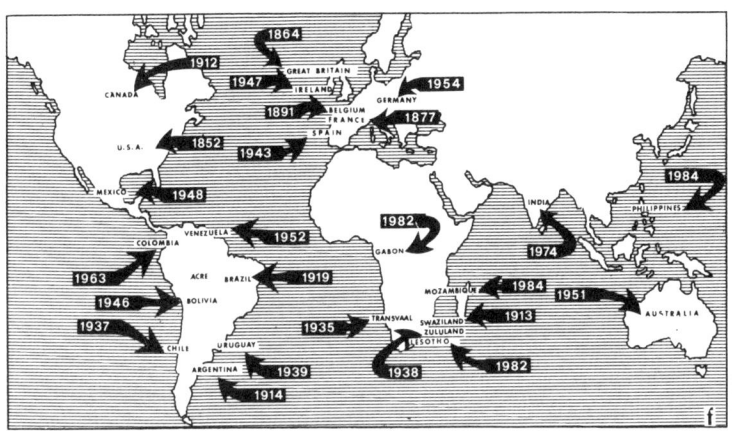

Die Verteilung der Mitbrüder in der Welt

Jurisdiktionen (1987)

Provinzen	Konvente
Brasilien	10
Kanada	10
England	6 (1994: 4)
Piemont	8
Romagna (Bologna)	15
Rom	10
Neapel (Süditalien)	10
Spanien	6
Tirol	6 (1995)
Toskana	14
Ostprovinz USA	16
Westprovinz USA	11
Veneto	19
Generalatshäuser (mit Monte Senario seit 1989)	4

Die kanadische Provinz inkludiert Gründungen in Gabun und Zaire, die bolognesische Provinz auf den Philippinen, die spanische in Mosambik, die toskanische ein Haus in Montreal und die venetianische eine Delegation in Indien.

227

Vier Gemeinschaften, drei in Rom und Monte Senario, unterstehen der direkten Jurisdiktion des Generals. Die jüngsten Wiedergründungen (1991) gibt es in Ungarn (Eger) und Tschechien (Gratzen).

Vikariate und Delegationen (1994)

Argentinien-Uruguay (Veneto)	8
Australien (USA-West)	5
Belgien-Frankreich (Kanada)	4
Chile-Bolivien (Veneto)	5
Deutschland (Generalat)	2
Irland (USA-Ost)	4
Mexiko (Veneto)	9
Swasiland (Toskana)	10
Transvaal (Veneto)	3
Venezuela-Kolumbien (Rom)	3
Zululand (USA-Ost)	5
Indien (Veneto)	2

(In Klammern jeweils die Mutterprovinz)

DAS JAHRHUNDERT IM ÜBERBLICK

1913	beginnt die Tiroler Provinz die Mission im Swasiland. Fr. Alexis M. Lepicier wird zum General gewählt.
1914	kommen die ersten Serviten nach Argentinien. England wird als Provinz errichtet.
1919–1920	übernimmt der Orden die Mission in Accre und Purus.
1922	wird die venetianische Provinz kanonisch wiedererrichtet.
1927	wird Alexis Lepicier zum Kardinal kreiert.
1928	wird er Präfekt der Kongregation für die Ordensleute. In diesem Jahr wird auch das neugebaute Kolleg in Rom eröffnet. Es stirbt die Dienerin Gottes, die Serviten-Tertiarin Cecilia Eusepi.
1933	700-Jahr-Feier der Gründung des Ordens. Erstmals erscheinen die Studi Storici.
1935	Gründung des Ordens in Transvaal.
1936	wird Sr. M. Guadelupe Ricart Olmos vom Klausurkloster Valencia im spanischen Bürgerkrieg ermordet.
1937	Gründung der Mission in Aysen/Chile.
1938–1953	Generalat von Fr. Alfonso M. Benetti: Gründungen in Uruguay 1939, Bolivien 1946, Irland 1947, Mexiko 1948, Australien 1951 und Venezuela 1952.
1943	kehren die Serviten nach Spanien zurück. In London wird das Servite House errichtet.
1946	wird die süditalienische Provinz errichtet.
1948	wird die kanadische Provinz kanonisch errichtet. Die Serviten aus den USA übernehmen die Mission Zululand.
1950	werden die ungarischen Gemeinschaften durch die Regierung aufgehoben. Erstes akademisches Jahr der Fakultät Marianum.

1952	wird Antonio Pucci seliggesprochen. In den USA wird die zweite Provinz St. Joseph errichtet.
1953–1965	ist Fr. Alfonso M. Monta General.
1954	kehren die Serviten nach Deutschland zurück.
1959	wird das Historische Institut des Ordens errichtet. Das Säkularinstitut Regnum Mariae wird gegründet.
1961	wird die brasilianische Provinz kanonisch errichtet.
1962	wird Antonio Pucci am Ende der 1. Sitzungsperiode des II. Vaticanums von Johannes XXIII. heilig gesprochen.
1963	erste Gründung in Kolumbien.
1966	wird die CLIOS, die Internationale Liturgiekommission des Ordens, errichtet.
1968	außerordentliches Generalkapitel in Madrid zur Erneuerung der Konstitutionen. Die Missionen werden in Vikariate umgewandelt.
1971	Das Generalkapitel in Opatija, Ex-Jugoslawien, befasst sich erneut mit den Konstitutionen. Die spanische Provinz wird kanonisch errichtet.
1973	gründen spanische Schwestern ein Klausurkloster in Mosambik.
1974	tagt wieder ein außerordentliches Generalkapitel der Erneuerung in Rom. Die venetianische Provinz eröffnet eine Gründung in Indien.
1977	Generalkapitel in Barcelona: endgültige Approbation der Konstitutionen.
1979	wird das Säkularinstitut ein Institut päpstlichen Rechtes.
1983	wird Regnum Mariae ein Säkularinstitut. 750. Gründungsjubiläum des Ordens, Generalkapitel in Rom. Fr. Michel M. Sincerny wird als General wiedergewählt.
1985	eröffnet die bolognesische Provinz eine Gründung auf den Philippinen. 700. Todestag des heiligen Philippus Benitius.

1987	250. Jahr der Heiligsprechung von Juliana Falconieri.
1988	100-Jahr-Jubiläum der Kanonisation der Heiligen Sieben Väter. Die kanadische Provinz gründet Niederlassungen in Gabun und von dort aus in Zaire. Das Vikariat von Swasiland eröffnet eine Gründung in Uganda.
1989	Generalkapitel in Rom. Der Belgier Fr. Hubert M. Moons wird zum General gewählt. Das Wirken der Regionalkonferenzen wird verstärkt.
1991	nach dem Zusammenbruch des Kommunismus Wiedergründung des Ordens in Ungarn und Tschechien.
1992	100. Todestag des heiligen Anton Maria Pucci.
1994	beginnt wieder ein Konventleben in Gratzen und Eger.
1995	die piemontesische Provinz macht eine Gründung in Albanien.
1995	Generalkapitel in Mexiko City, Wiederwahl von General P. Hubert M. Moons, Mexiko wird Provinz.
1998	Vereinigung der bolognesischen mit der piemontesischen Provinz.
1999	Vereinigung der beiden US-Provinzen.
2000	Vereinigung der toskanischen mit der römischen und der süditalienischen Provinz. Das deutsche Vikariat wird Delegation der Tiroler Provinz.
2001	Generalkapitel in Rom.

Namensregister

(Auswahl)

237

238